Innovative Research on the Social Responsibility of Lottery

彩票社会责任创新研究

胡穗华 陈又星 李柏勋 主编

东北财经大学出版社
Dongbei University of Finance & Economics Press
大连

图书在版编目（CIP）数据

彩票社会责任创新研究／胡穗华，陈又星，李柏勋主编．—大连：东北财经大学出版社，2016.12
ISBN 978-7-5654-2630-8

Ⅰ．彩…　Ⅱ．①胡…②陈…③李…　Ⅲ．彩票-社会责任-研究-中国　Ⅳ．F832.5

中国版本图书馆CIP数据核字（2017）第003675号

东北财经大学出版社出版
(大连市黑石礁尖山街217号　邮政编码　116025)
网　　址：http：//www.dufep.cn
读者信箱：dufep@dufe.edu.cn
大连图腾彩色印刷有限公司印刷　东北财经大学出版社发行

幅面尺寸：170mm×240mm　字数：234千字　印张：12　插页：1
2016年12月第1版　2016年12月第1次印刷

责任编辑：孙晓梅　责任校对：何　荔
封面设计：冀贵收　版式设计：钟福建

定价：36.00元

教学支持　售后服务　联系电话：（0411）84710309

如有印装质量问题，请联系营销部：（0411）84710711

序　言

随着中国彩票销量和筹集的公益金日益增加，彩票的社会影响越来越大，公众对彩票行业的期望也越来越高，人们希望彩票行业在社会责任方面能发挥越来越大的作用。

为分享和交流在彩票社会责任领域的研究和实践成果，促进产学研紧密合作，积极构建以安全责任为基础、以公益责任为核心、以预防非理性购彩为重要内容的彩票社会责任体系，共同推动中国彩票事业持续健康发展，经广东省人民政府批准，广东财经大学和广东省福利彩票发行中心于2016年9月8日至9日在广州市广东大厦联合举办了主题为“责任彩票　福彩同行”的“2016彩票社会责任国际论坛”。

本次论坛得到了主管部门、港澳台和海外专家学者、彩票机构、行业资深人士、彩票服务商等的大力支持，专家学者围绕“责任彩票　福彩同行”的主题进行思想碰撞，从购彩者行为分析、彩票社会责任体系、彩票机构社会责任研究和彩票绿色生产与销售等角度进行了深入探讨，收到了研究和实践成果共20篇论文。

论文的作者分别来自广东财经大学、阳江市体育彩票中心、广东省福利彩票发行中心、广州市福利彩票发行中心、台湾科技大学、广东省社会工作教育与实务协会、广州市星空社会工作发展中心、广东工业大学、澳门科技大学、华南师范大学、澳门理工学院、河南财经政法大学、北京社会管理职业学院、中山大学、上海体育学院、广东省体育彩票管理中心、鸿博股份有限公司、华南理工大学、广东福利彩票社会责任研究与实践基地。他们具有丰富的彩票社会责任研究和实践经验，其成果不仅丰富了彩票社会责任理论的内容，而且促进了彩票社会责任的实践，具有很大的理论研究和实践指导意义。

本论文集的出版得到了广东省福利彩票发行中心和广东财经大学的鼎力支持和指导，得到了东北财经大学出版社的全力协助，在此，我们表示衷心的感谢。

编　者

2016年12月于广州

目　　录

第一部分　购彩者行为分析

第二部分　彩票社会责任体系

第三部分　彩票机构社会责任研究

第四部分 彩票绿色生产与销售

Contents

1 Behavior Analysis for Lottery Players

2 Social Responsibility System of Lottery

第一部分

购彩者行为分析

1 Behavior Analysis for Lottery Players

福利彩票购彩者社会贡献感知的差异研究①

刘　楼

（广东财经大学彩票研究中心，广州，510320）

摘　要： 福利彩票的社会责任越来越受到重视，我国福利彩票管理机构因此建立了相应的指标评价体系，各省市也在陆续出台年度社会责任报告。公众对社会责任的感知如何？对社会责任里最重要的公益金使用和社会公益的感知是否有差异？本研究通过调查回答了这一问题，其结论是不同学历层次、不同年龄层次、不同性别、不同购彩频次的购彩者对公益金使用和社会公益的感知是存在差别的。我们在进行公益宣传的时候，要注意针对性，因为公众，特别是购彩者对社会责任的感知会深远地影响其购彩行为。

关键词： 公益金使用感知　社会公益感知　方差分析

1　问题的提出

福利彩票的社会责任越来越受到关注，而社会责任的核心就是福利彩票的社会贡献。在中国福利彩票发行管理中心以及各省福彩中心社会责任指标体系中，社会贡献分为公益金使用、就业促进和社会公益3个方面，包括公益金筹集使用、带动就业和社会公益3个主题，总共38个指标。其中，公益金筹集使用包括12个指标，带动就业包括13个指标，社会公益包括13个指标。社会贡献在整个社会责任指标体系中占有非常大的权重。实际上，作为我国福利彩票所宣导的使命和责任，以及社会民众或购彩者所能感知的福彩社会责任，也主要体现在这3个方面。这是我们作为社会主义国家让彩票得以存在的重要基础，也成为福利彩票工作的重要指针，还是检验与考核各省福彩中心工作的标准。从各省福彩中心2015—2016年期间出版的社会责任报告来看，所有报告对社会贡献部分的指标都会严求算实、完整表述，甚至会加大篇幅、浓墨重彩，可见，社会贡献指标体系在福彩社会责任中占有重要地位。

福彩的社会贡献实际上有两个来源，最重要的当然是福彩工作者的辛勤努力，设计了各种各样的彩种，加强运营管理，从上到下兢兢业业，执行各类政策一丝不苟；此外就是购彩者，所有购彩者都在做“社会贡献”，他们购买彩票的

①　广东省哲学社会科学“十二五”规划学科共建项目，项目号 GD11XGL17。

动机是中奖，但实际上是为民政事业贡献了一份力量。从这个意义上说，福彩指标体系中的社会贡献是福彩工作者和购彩者共同实现的。然而购彩者是这样认为的吗？他们有这种感知吗？不同购彩者之间的这种感知是否存在差异？对这些问题进行研究的意义在于两个方面：第一，购彩者社会贡献感知是影响购彩行为的，会导致购彩者变“利益引诱”为“责任牵引”，从而由“被动购彩”变为“主动购彩”，主动将福彩社会责任的实现落实到购彩者个人身上来分担，有利于强化购彩者的责任意识；第二，弄清楚不同购彩者的社会贡献感知差异，有利于彩票工作者加强运营管理，增加宣传的针对性和有效性。对投注站来说，对社会贡献感知程度高的人群就要加强对责任意识的宣传，而不是进行“中奖”概率的宣传。

基于以上考量，本文的基本观点就是：不同的购彩者对购买福利彩票的社会贡献感知是有差异的。

2 研究方法

由于条件的限制，本研究的对象仅限广州市的购彩者。对受访者采用问卷调查的方式，抽样分两步：第一步，在广州市中心区（白云区、越秀区、荔湾区、海珠区和天河区）各选不同地点的投注站，每个区选5家，共20家。第二步，在投注站门口随机访问购彩者，每个投注站随机访问15名，额满为止。由于是在购彩者购彩行为发生后面对面填写的问卷，从结果来看，所有问卷都是有效的。因此，本研究样本为300名购彩者，见表1。

表1 **受访者结构特征** 单位：人

性别		学历			购彩者年龄				月购彩次数		
男	女	高中及以下	大专	本科及以上	20岁以下	20~30岁	30~45岁	45岁以上	5次以下	5~10次	10次以上
180	120	130	120	50	120	80	60	40	80	100	120

问卷中的问题是研究者自己设计的，共有两个：问题一是“你是否了解福利彩票的公益金使用情况”；问题二是“你是否了解福利彩票除公益金之外的其他社会公益情况”。问题一指的就是省福利彩票中心指标体系中的“公益金使用”指标，问题二指的就是“社会公益”指标。问卷采用李克特五分量表：“完全不了解”记为1分，“不太了解”记为2分，“了解”记为3分，“比较了解”记为4分，“完全了解”记为5分。

3.研究结果

本研究利用SPSS 12.0进行方差分析和均数显著性检验，比较不同学历层次、不同购彩年龄、不同月购彩次数的购彩者对自己的购彩行为的社会贡献感知差异情况。

3.1　不同性别的购彩者在购彩社会贡献感知上的差异

表2是对性别在公益金使用感知和社会公益感知两个维度上进行的独立样本检验。方差齐性检验的显著性概率大于0.05，也就是说，性别在公益金使用感知和社会公益感知两个维度上分别具有方差齐性，接下来我们看相应的T检验。

表2　**性别的独立样本检验**

	方差齐性检验			T值	自由度	显著性（双尾）	均差
		F值	显著性				
公益金使用感知	方差齐性	0.016	0.795	−2.967	298	0.004	−0.769
社会公益感知	方差齐性	0.059	0.624	−2.657	298	0.006	0.668

从独立样本检验的结果来看，性别差异造成的对社会贡献影响感知差异是显著的，概率值都小于0.05。从均差来看，女性购彩者比男性购彩者在社会公益感知上要好，男性购彩者比女性购彩者在公益金使用感知上要好。这可以得到解释，社会公益经常由一系列活动构成，更具有宣传性、参与性和体验性，相对比较表面；而公益金使用具有行政性、任务性和非体验性，相对比较深层次。女性购彩者容易了解到表面的东西而对深层次的东西可能没有更多的意愿和精力去了解，而男性对深层次的东西更喜欢了解。

3.2　不同年龄购彩者在公益金使用感知和社会公益感知上的差异比较

表3是不同年龄购彩者对公益金使用感知和社会公益感知的方差分析，公益金使用感知组间均方为47.863，组内均方为1.197，检验结果显著；社会公益感知的组间均方为38.104，组内均方为0.792，检验结果显著。由此可知，公益金使用感知和社会公益感知总体变异是由组间差异造成的，即不同的年龄段引起了这种差异。

表4是用LSD法对不同年龄段购彩者公益金使用感知和社会公益感知均值进行的两两比较，其中1代表20岁以下，2代表20~30岁，3代表31~45岁，4代表45岁以上。不管是公益金使用感知还是社会公益感知，都以31岁为界限，即31岁以上各组和31岁以下各组在公益金使用感知和社会公益感知上有显著差异。从

表3 **不同年龄购彩者的方差分析表**

		总离偏方差	自由度	均方	F值	显著性
公益金使用感知	组间	143.590	3	47.863	39.989	0.000
	组内	354.371	296	1.197		
	总体	497.961	299			
社会公益感知	组间	114.314	3	38.104	48.111	0.000
	组内	234.501	296	0.792		
	总体	348.815	299			

差异性来看，基本上是年龄越大，感知越显著；年龄越小，感知越不显著。这说明31岁以下购彩者的购彩行为是因为福利彩票公益性而产生的概率相对较低，而31岁以上购彩者的购彩行为更看重其公益性，他们是了解福利彩票的社会贡献的。

表4 **四个年龄段购彩者的两两比较结果（LSD法）**

	（I）组别	（J）组别	均差（I–J）	显著性
公益金使用感知	1	2	-1.03^{*}	0.000
		3	-1.53^{*}	0.000
		4	-1.35^{*}	0.000
	2	3	-2.14^{*}	0.024
		4	-1.038^{*}	0.017
	3	4	0.191	0.762
社会公益感知	1	2	-0.184^{*}	0.004
		3	-0.91^{*}	0.000
		4	-1.53^{*}	0.000
	2	3	-0.07^{*}	0.001
		4	-0.64^{*}	0.008
	3	4	0.335	0.413

* 在P值0.05水平显著。

3.3 不同学历人员在公益金使用感知和社会公益感知上的差异比较

表5是不同学历人员在公益金使用感知和社会公益感知上的方差比较。对于

公益金使用感知，组间均方为27.361，组内均方为1.200，检验结果显著；对于社会公益感知，组间均方为25.794，组内均方为1.144，检验结果显著。由此可知，公益金使用感知和社会公益感知的总体变异在这里主要是由组间差异造成的，即不同的学历层次造成了这种差异。

表5　不同学历购彩者的方差分析表

		总方差	自由度	均方	F值	显著性
公益金使用感知	组间	54.721	2	27.361	22.800	0.000
	组内	356.532	297	1.200		
	总体	411.252	299			
社会公益感知	组间	51.558	2	25.794	22.547	0.008
	组内	342.219	299	1.144		
	总体	393.807	299			

表6是不同学历购彩者公益金使用感知和社会公益感知的两两比较，其中1代表高中及以下学历，2代表大专及同层次学历，3代表本科及以上学历层次。对于公益金使用感知，均差比较大，学历越高，公益金使用感知均差越大。可能的解释是公益金使用项目一般具有计划性、行政性和官方性，高学历的人有机会、有动机去了解；而低学历的人可能少有机会去了解，也可能没有动机去了解。但是不同学历购彩者的社会公益感知的配对差异显著性就不那么明显，这与福利彩票的社会公益活动或项目的性质有关，因为社会公益活动或项目可能更深入基层、更接近社会底层群体，所以容易被感知。

表6　不同学历购彩者的两两比较结果（LSD法）

	（I）组别	（J）组别	均差（I-J）	显著性
公益金使用感知	1	2	-2.620*	0.000
		3	-1.310*	0.000
	2	3	1.180*	0.000
社会公益感知	1	2	-0.750	0.322
		3	-0.234	0.129
	2	3	-0.367	0.207

*在0.05水平显著。

3.4　不同购彩频率购彩者在公益金使用感知和社会公益感知上的差异比较

表7是不同购彩频率购彩者在公益金使用感知和社会公益感知变量上的方差

分析。对于公益金使用感知，组间均方为31.805，组内均方为1.117，检验结果为显著；对于社会公益感知，组间均方为28.154，组内均方为0.833，检验结果为显著。由此可知，两变量分别在不同购彩者频次表现的组别差异是显著的。

表7 不同购彩频率购彩者的方差分析表

		总方差	自由度	均方	F值	显著性
公益金使用感知	组间	63.611	2	31.805	28.473	0.000
	组内	331.706	297	1.117		
	总体	395.317	299			
社会公益感知	组间	56.308	2	28.154	33.798	0.005
	组内	247.509	297	0.833		
	总体	303.807	299			

表8是不同购彩频次购彩者的两两比较结果，其中1代表月购彩次数在5次以下的；2代表月购彩次数在5~10次的；3代表月购彩次数在10次以上的。对于公益金使用感知和社会公益感知，各组之间都存在显著的均差，购彩次数多的小于购彩次数少的。这说明购彩频次低的购彩者对公益金使用感知和社会公益感知更深入、更了解，这些人的购彩体现了理性特色和公益风范。月购彩频次高的购彩者对公益金使用感知和社会公益感知反而比较少，说明这些购彩者可能是习惯性购彩。二者的动机恐怕有所不同。

表8 不同购彩频次购彩者的两两比较结果（LSD法）

	（I）组别	（J）组别	均差（I–J）	显著性
公益金使用感知	1	2	1.08*	0.000
		3	–1.17*	0.000
	2	3	–1.68*	0.006
社会公益感知	1	2	1.03 *	0.000
		3	0.88 *	0.000
	2	3	–1.14*	0.011

*在0.05水平显著。

4 结论与启示

通过上述研究可以断定本文的假设：不同购彩者对购彩的社会贡献的感知是有差异的。相对而言，对于公益金使用感知，从性别来说，男性更优；从年龄层次来说，年龄越大越优；从学历层次来说，学历层次越高越优；从购彩频次来说，月购彩次数越少的越优。对于社会公益感知，从性别来说，女性更优；从年龄层次来说，年龄越大越优；从学历层次来说，没有显著差异；从月购彩频次来说，月购彩次数越少的越优。这一结论对我们的启示是：对于福彩的社会贡献或福彩的公益性要大力宣传，公益金使用方面的宣传对女性购彩者、低龄购彩者、低学历购彩者和购彩频率较高的购彩者尤其要加强，而社会公益方面的宣传则对男性购彩者、低龄购彩者、不同学历购彩者以及购彩频率高的购彩者尤其要加强。

参考文献

[1] 史文文，王斌，马红宇，等．问题彩民的购彩心理与行为研究［J］．心理科学进展，2012（4）：30-36.

[2] 肖镇，杜秀秀，王修欣．彩民购彩行为与其风险态度和购彩认知偏差的关系［J］．中国心理卫生杂志，2015（7）：60-68.

[3] 张洪利．企业社会责任对消费者行为意向的影响研究［D］．长春：吉林大学商学院，2010.

[4] 刘楼．组织内社会网络、中心性与工作绩效［M］．广州：中山大学出版社，2008.

[5] 胡穗华，吴贞选．体育彩票品牌个性感知对购买体育彩票意愿的影响研究——以广东省为例［J］．体育科学，2012，32（6）：25-32.

Research on the Differences about Social Contribution Perception of Welfare Lottery's Buyers

Liu Lou

(Lottery Research Center of Guangdong University of Finance and Economics, Guangzhou, 510320, China)

Abstract: With more attention paid to the social responsibility, China's welfare lottery management institutions have established corresponding index evaluation system.Various provinces and cities also developed the annual social responsibility report.However, the public perception of social responsibility is unknown, especially for the use of public welfare fund.This paper will answer the problem through the investigation and study.We can draw the conclusion that different education levels, different ages, different gender, different purchase frequency can affect perception of public welfare fund use and social public perception. So we should pay attention to the pertinence in the public welfare propaganda.

Key words: Perception on the Use of Public Welfare Fund, Social Perception, Analysis of Variance

阳江市购彩者购彩心理研究

胡穗华[1]　黄瑞权[2]

（1　广东财经大学彩票研究中心，广州，510320；
2　阳江市体育彩票中心，阳江，529500）

摘　要： 阳江市购彩者购彩心理可概括为风险偏好、购彩认知、社交阻碍、经济效用和购彩成瘾五大特征，其中购彩认知相对最高，而社交阻碍相对最低。这在一定程度上反映了该市购彩者相对认同购彩的公益性特点，因购彩造成的社交阻碍亦相对较低。购彩认知在年龄和学历上存在显著差异，大体上，购彩者年龄越大或学历越高，其购彩认知度越高。

关键词： 阳江市　购彩者　购彩心理

1　引言

近年来，我国彩票业的快速发展催生了庞大的购彩者群体，其中蕴含的问题也逐渐被发现，问题购彩者越来越受到社会各界的关注，对问题购彩者的研究主要偏向购彩心理方面。对购彩心理的研究主要以某些经济学或心理学理论为基础，结合市场营销学对购彩者的消费心理或态度进行。如李刚分别于2007年和2009年对乐透型和数字型彩票的购买者心理进行了定量研究，发现我国乐透型彩票的购买者普遍存在“控制幻觉”的非理性心态；他对数字型彩票的购买者心理健康程度在国际和中国各省之间的差异进行了比较，并研究了其产生的原因。王斌等人（2013）对体育购彩者进行了界定并指出其购彩心理一般包括购彩动机、购彩意向、购彩认知、人格特征和购彩成瘾等。胡穗华和吴贞选（2012）则利用市场营销学的品牌个性理论对购彩者的购彩心理和行为进行了实证研究，发现人们对体育彩票的感知可概括为“男性”和“体育彩票特性”两个维度，通过结构方程模型检验发现，“体育彩票特性”感知对其购买意愿具有显著的正向影响。

这些研究的对象主要为经济发达地区的购彩者，对经济欠发达地区购彩者的购彩心理进行的全面研究还比较少。阳江市经济总量位于广东省中下游水平，人口城镇化率约为49.05%，远低于全省（68%）的水平。本文以此为研究对象，希望能发现一些独特的购彩者购彩心理特征。

2 研究对象与方法

2.1 研究对象

本研究以阳江市辖区内的购彩者为对象，覆盖位于江城区、阳东区、阳春市、阳西县及各县区部分乡镇的购彩者，该次调查范围覆盖了全市94%的人口和99%的彩票投注站区域。

2.2 研究方法

2.2.1 问卷调查法

本次调查采用Likert五级计分法，共22个题项，分别从“很不认同”到“很认同”对应1~5分进行调查核定。通过分层随机抽样方法，我们先将阳江市的调查范围划分为市城区（江城区）、县城区（阳春市、阳东区和阳西区）、乡镇三个层次，再对分区的投注站按高、中、低销售额进行划分，接着随机抽取各层次的投注站作为平台发放问卷。本次调查共发放问卷600份，回收问卷587份，有效问卷567份，有效回收率为94.5%。

2.2.2 访谈法

为保证问卷调查获取的数据真实有效，我们要求调查员对接受调查的购彩者进行访谈。访谈内容主要为购彩心理调查内容和购彩行为特征表现，目的是了解购彩者出现某一购彩心理反应的评级。

2.2.3 文献资料法

我们查阅了相关的社会学、管理学、市场营销学以及彩票方面的专著和学术论文等资料，查找了广东省及阳江市社会经济及彩票发展的相关数据，以此为本研究提供理论及现实基础。

2.2.4 数理统计法

我们利用SPSS 19.0软件对问卷调查所采集的数据进行描述性统计、因子分析和单样本方差分析。

3 结果分析

3.1 因子分析

因子分析是一项研究从变量群中提取具有共性因子的统计技术，最早由英国心理学家斯皮尔曼提出。该方法可以在很多变量中找出隐形而具有代表性的因子，并把相同本质的变量划归为一个因子，从而减少变量的数量。

因子分析的方法有多种，为找出阳江市购彩者购彩心理特征，本研究采用主成份因子分析方法，对22项购彩心理调查题项进行分析，用巴雷特球度检验（Barlett Sphericity Test）来确定各题项间的相关系数矩阵阵式并进行因子分析，用KMO（Kaiser-Meyer-Olkin）指数检验样本适合进行因子分析，检验结果见表1。

表1　KMO值和巴雷特球度检验

	KMO值	巴雷特球度检验	显著性
阳江市购彩者购彩心理特征	0.803	2 498.76	0.000

表1的检验结果显示，KMO值为0.803，大于0.7，且达到显著性水平，说明数据适合进行因子分析。进行因子分析时，我们提取那些特征值大于1的题项，删除共同度小于0.5或因子载荷小于0.5的题项，结果见表2。

表2　阳江市购彩者的五项购彩心理特征

因子	题项	共同度	因子载荷值
风险偏好	18-19.购买彩票能实现富豪梦	0.603	0.632
	18-20.您认为购彩是一件具有刺激性的活动	0.630	0.757
	18-21.增加购买彩票的金额及次数会让您更加兴奋	0.735	0.848
	18-22.大奖频出的宣传会促使您加大购彩金额	0.541	0.692
购彩认知	18-3.购买彩票是一种公益、健康的业余爱好	0.733	0.792
	18-4.购买彩票是一种休闲娱乐方式	0.697	0.799
社交阻碍	18-13.家人、朋友曾对您购买彩票的行为有过意见	0.727	0.847
	18-14.您曾因购买彩票而减少娱乐、人际交往等活动	0.694	0.805
经济效用	18-1.购买彩票与股票一样，都是一种投资方式	0.639	0.782
	18-2.购买彩票能以较低成本获得较高回报	0.709	0.774
购彩成瘾	18-8.您能克制这种继续购买的冲动	0.647	0.720
	18-11.您曾经对彩票的公信力及公平性产生怀疑	0.680	0.751

由表2可知，阳江市购彩者的购彩心理特征可概括为风险偏好、购彩认知、社交阻碍、经济效用和购彩成瘾5大特征。风险偏好特征包含4个维度，反映购彩者是否把购彩看作一项刺激性、能实现富豪梦的活动，是否容易受大奖频出的宣传影响而增加购彩金额，内心是否更加兴奋的心理；购彩认知特征包含2个维度，反映购彩者是否把购彩看作公益、健康的休闲娱乐方式；社交阻碍特征包含

2个维度，反映购彩者是否因购彩而招致家人、朋友的意见，甚至减少娱乐与人际交往等活动；经济效用特征包含2个维度，反映购彩者是否把购彩看作一种低成本、高回报的投资方式；购彩成瘾特征包含2个维度，反映购彩者能否克制购彩冲动，是否怀疑彩票的公信力。

3.2 信度与效度检验

信度（Reliability）又称可靠性，是指一份调查所测定数据的可信程度或稳定性，学术界普遍采用Conbach α信度系数法测量数据的可信程度；效度是指测量工具或手段能够准确测出所要测量事物的程度，即正确性的程度，一般可用解释的总方差来测量。我们对五项购彩心理进行了信度和效度分析，结果见表3。

表3 五项购彩心理信度与效度分析

因子	题项	均值	方差	Conbach α	累计解释总方差
风险偏好	18-19.购买彩票能实现富豪梦	3.14	1.415	0.738	24.591%
	18-20.您认为购彩是一件具有刺激性的活动	3.14	1.125		
	18-21.增加购买彩票的金额及次数会让您更加兴奋	2.99	1.194		
	18-22. 大奖频出的宣传会促使您加大购彩金额	3.31	1.208		
购彩认知	18-3.购买彩票是一种公益、健康的业余爱好	3.83	0.679	0.643	38.571%
	18-4.购买彩票是一种休闲娱乐方式	3.64	0.841		
社交阻碍	18-13.家人、朋友曾对您购买彩票的行为有过意见	3.06	1.220	0.607	48.944%
	18-14.您曾因购买彩票而减少娱乐、人际交往等活动	2.56	1.224		
经济效用	18-1.购买彩票与股票一样，都是一种投资方式	2.82	1.572	0.533	58.419%
	18-2.购买彩票能以较低成本获得较高回报	3.48	1.150		
购彩成瘾	18-8.您能克制这种继续购买的冲动	3.41	0.874	0.62	66.961%
	18-11.您曾经对彩票的公信力及公平性产生怀疑	3.05	1.197		

由表3可知，风险偏好的信度最高，Conbach α值为0.738；购彩认知、社交阻碍和购彩成瘾的Conbach α值都在0.6以上，说明数据可信；而经济效用的Conbach α值相对低些，只有0.533，但大于0.4，在可信范围之内。五项购彩心理特征的累计解释总方差为66.961%，大于0.5，说明问卷回收样本的效度是可信的，能较好地实现本研究的调查目的。

3.3 交叉分析

3.3.1 单样本T检验

T检验是用t分布理论来推论差异发生的概率，从而比较两个平均数的差异是否显著。为检验阳江市五项购彩心理特征数据是否显著有效，我们首先对各购彩心理特征包含题项的数值取均值，这些均值代表所对应购彩心理特征的水平值；接着我们对这些数值进行T检验，结果见表4。

表4　五项购彩心理特征单样本T检验

	检验值=0				
	t	显著水平	均值	95%置信区间	
				下介	上介
风险偏好	88.121	0.000	3.14787	3.0777	3.2180
购彩认知	117.203	0.000	3.73866	3.6760	3.8013
社交阻碍	69.731	0.000	2.81238	2.7332	2.8916
经济效用	76.994	0.000	3.15455	3.0741	3.2350
购彩成瘾	97.756	0.000	3.23162	3.1667	3.2966

由表4可知，五项购彩心理特征数值都显著有效。均值最高的为购彩认知，约为3.74，说明阳江市购彩者把购彩看作公益、健康的业余爱好及休闲娱乐方式的评价相对还挺高的；而购彩心理特征均值最低的为社交阻碍，约为2.81，说明阳江市购彩者因购彩而引起的社交阻碍问题并不大。

3.3.2 年龄与购彩认知度

购彩认知心理特征对不同年龄段的购彩者在Sig.=0.052水平上存在差异。对不同年龄段购彩者的购彩认知度进行比较可以发现，21~25岁的购彩者与41~45岁和60岁以上的购彩者分别在Sig.=0.007和Sig.=0.002水平上显著差异，60岁以上的购彩者与51~55岁的购彩者在Sig.=0.004水平上显著差异，结果如图1所示。

由图1可知，60岁以上购彩者的购彩认知度最高，而21~25岁以及51~55岁购彩者的购彩认知度最低；对于45岁以下的阳江市购彩者来说，购彩者年龄越大，其购彩认知越高。在一定程度上可认为，阳江市购彩者的年龄越大，其购彩认知度越高，但50~60岁购彩者的购彩认知度陡然降低，其中原因有待日后深入研究。邵继萍等人（2012）的研究也指出，老年购彩者的购彩认知度显著高于非老年购彩者，老年购彩者更认可彩票的休闲娱乐性和公益性；他们还认为年龄越大的购彩者越能把购彩看作公益、健康的业余爱好和休闲娱乐方式，在购彩时也越能保持平常心。

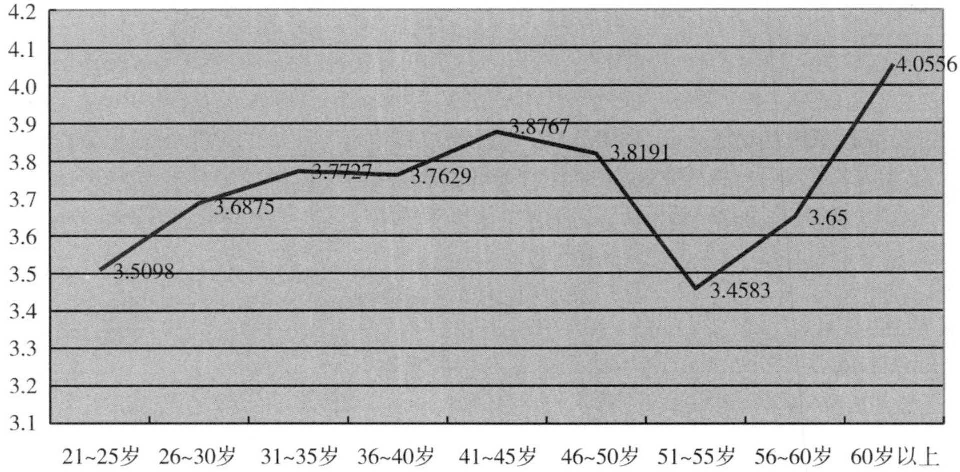

图1 不同年龄购彩者的购彩认知度走势图

3.3.3 学历与购彩认知

购彩认知心理特征对不同学历的购彩者在Sig.=0.063水平上存在差异。对不同学历购彩者的购彩认知度进行比较可以发现，初中学历的购彩者与大专学历的购彩者在Sig.=0.005水平上显著差异，此外，初中学历的购彩者还与高中/中专和本科及以上学历的购彩者分别在Sig.=0.063和Sig.=0.065水平上显著差异，结果如图2所示。

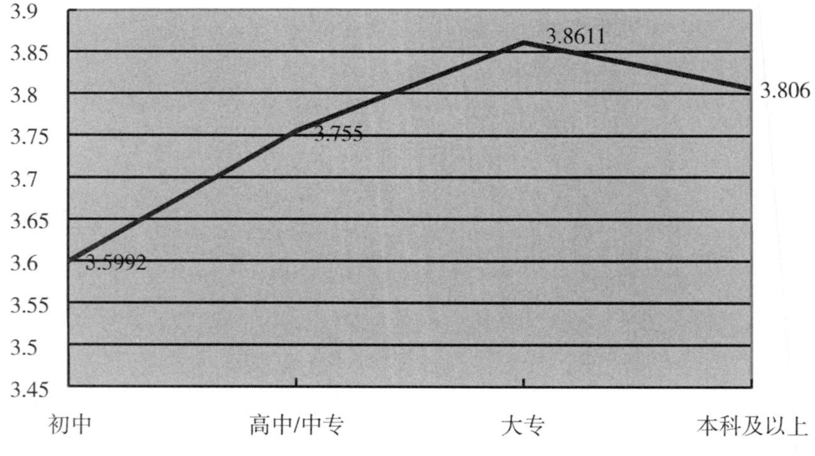

图2 不同学历购彩者的购彩认知度走势图

由图2可知，大专学历购彩者的购彩认知度最高，其次为本科及以上和高中/中专学历购彩者，初中学历购彩者的购彩认知度最低。这在一定程度上反映出，购彩者的学历越高，其购彩认知度则相对越高。

4　结论与建议

4.1　结论

第一，阳江市购彩者购彩心理特征可概括为风险偏好、购彩认知、社交阻碍、经济效用和购彩成瘾五大特征。风险偏好特征反映购彩者是否把购彩看作实现富豪梦、易受大奖频出的宣传影响、内心更加兴奋的心理；购彩认知特征反映购彩者是否把购彩看作公益、健康的休闲娱乐方式的心理；社交阻碍特征反映购彩者是否因购彩行为而使社会交际受到阻碍的心理；经济效用特征反映购彩者是否把购彩看作低成本、高回报的投资活动的心理；购彩成瘾反映购彩者能否克制购彩冲动、是否怀疑彩票公信力的心理。

第二，在阳江市购彩者的五项购彩心理特征中，购彩认知均值相对最高，说明购彩者认同购彩是公益、健康的休闲娱乐方式；社交阻碍均值相对最低，说明购彩者因购彩而引起的社交阻碍问题并不大。不同年龄和不同学历购彩者的购彩认知有显著差异，一般是年龄越大，购彩认知度就越高；学历越高，购彩认知度亦越高。

4.2　建议

第一，关注购彩者的购彩心理，防止问题恶化。阳江市购彩者的购彩心理大体健康，但少部分购彩者存在不健康的购彩心理，如购彩行为过激，因购彩招致身边亲友的意见甚至减少人际交往，不能克制购彩冲动，同时怀疑彩票的公信力。若不重视购彩者的购彩心理，任由其发展，则不健康的购彩心理有可能恶化，健康购彩者亦有可能变为问题购彩者。

第二，加强健康购彩宣传，建立购彩者心理辅导机制。对于大部分购彩者，应通过宣传手段维系购彩者的健康购彩心理；对于购彩心理不健康的购彩者，则应建立相应的购彩者心理辅导机制，及时发现、及时辅导，防范不健康购彩心理逐步恶化，引导购彩者走回健康的购彩之路。

参考文献

[1] 李刚. 乐透型彩票购买者心态的定量研究——兼论我国彩票的可投资性 [J]. 体育科学，2007，27 (9)：23-29.

[2] 李刚. 数字型彩票购彩者心理健康程度在国际和中国省际比较及其影响因素的定量研究 [J]. 体育科学，2009，29 (10)：45-51.

[3] 王斌，史文文，刘炼. 体育彩民的界定及购彩心理与行为特征 [J]. 华中师范大学

学报：人文社会科学版，2013（2）：171-176.

［4］胡穗华，吴贞选．体育彩票品牌个性感知对购买体育彩票意愿的影响研究——以广东省为例［J］．体育科学，2012，32（6）：25-32.

［5］Hu Suihua，Wu Zhenxuan.A Study on the Purchasing Behavior of Sports Lottery Players in Guangdong Province［C］．Wuhan，ICMAIE，2012.

［6］邵继萍，刘炼，王斌．老年体育彩民购彩心理与行为特征［J］．武汉体育学院学报，2012（7）：71-75.

Study on Lottery Buyers' Psychology of Yangjiang City

Hu Suihua[1] Huang Ruiquan[2]

（1.Lottery Research Center of Guangdong University of Finance and Economics，Guangzhou，510320，China；2.YangJiang Sport Lottery Center，Yangjiang，529500，China）

Abstract: The psychology of lottery buyers in Yangjiang city is summarized five mentality characteristics，such as risk appetite，cognitive lottery，social obstacle，economic utility and lottery addiction.The highest cognitive lottery as the lowest social obstacle，which reflect that lottery is recognized as public and health by lottery buyers in Yangjiang city，and the social obstacle caused by betting is low. The cognitive lottery of lottery buyers is significant differences in age and education. The cognitive lottery will be higher as age or education increases.

Key Words: Yangjiang City，Consumer Mental ，Lottery Psychology

福利彩票网络购彩者购彩行为分析及对策

陈又星

（广东财经大学彩票研究中心，广州，510320）

摘　要： 新型互联网购彩方式虽然暂时叫停，但其发展是大势所趋，这将对购彩者的购彩心理和购彩行为产生巨大的影响，因此有必要对福利彩票购彩者的购彩行为及特征进行研究，以期找出互联网购彩的特点及变化规律，为彩票理论研究与实践决策提供新的思路与依据。

关键词： 福利彩票　网络购彩　购彩行为

1　引言

2009年我国颁布实施的《彩票管理条例》中明确指出，国家发行彩票的目的是筹集社会公益资金，促进社会公益事业发展。2015年我国彩票销售额达到3 679亿元，筹集到的社会公益金超过1 000亿元大关，彩票行业的快速发展和互联网的介入日益受到社会的关注。近几年来，随着互联网的大规模普及和电子商务的兴起，以及智能手机的大量使用，便捷和自由的电子购物模式受到越来越多人的喜爱，许多网站也将目光投向网络购彩和手机购彩，它们比传统彩票销售方式更加方便、快捷。2008年1月3日，财政部、民政部、国家体育总局联合发文，取缔了国内一切互联网彩票销售。2010年9月26日，财政部印发《电话销售彩票管理暂行办法》和《互联网销售彩票管理暂行办法》两个文件后，截至2015年7月，只有个别地区获得了电话投注的批文，而互联网售彩的“牌照”尚未发放，但是，很多网售公司借用电脑售彩端口，规避互联网销售禁令，或是将网站后台与投注机通过数据线实现对接，直接出票。网络购彩出现畸形增长，扰乱了彩票销售秩序和社会秩序。从世界彩票市场来看，新西兰在2008年成为第一个允许引入网络售彩系统的国家。从互联网和电子商务的发展趋势来看，网络购彩所具有的便利性、自助性等特点会成为彩市新的增长点并促进彩市迅猛发展。

由此可见，新型互联网购彩方式的发展将对购彩者的购彩心理和购彩行为产生巨大的影响，因此有必要对线上购彩者和线下购彩者进行研究，以期找出他们的特点及变化规律，为彩票理论研究与实践决策提供新的思路与依据。本研究主要通过问卷调查进行，回收问卷155份，删除填写不完整问卷后得到有效问卷111份，回收有效率为71.61%。调查地点为南方彩票销量大省之一的省会城市，调查问卷数量按该省会城市分区分配，且按照彩票销售量按高、中、低合理分配销售站点的调查问卷数量，具体详见表1。

表1 **各销量等级站点调查问卷数**

等级	数量	百分比	有效百分比	累计百分比
低	32	28.8	28.8	28.8
高	48	43.2	43.2	72.1
中	31	27.9	27.9	100.0
合计	111	100.0	100.0	—

2 购彩者基本情况分析

2.1 性别

由表2可知，本次调查以男性受访者为主，占78.4%，男女比例约为3.6：1。

表2 **性别百分比**

项目 性别	数量	百分比	有效百分比	累计百分比
男性	87	78.4	78.4	78.4
女性	24	21.6	21.6	100.0
合计	111	100.0	100.0	—

2.2 年龄

由表3可知，本次调查以30岁以下受访者为主，占46.8%，接近五成；其次是31~40岁，占26.1%；41~50岁占14.4%。40岁以下的受访者占了七成多，61岁以上的占比较少，只有2.7%。

2.3 职业

由图1可知，受访者以外来务工人员居多，占38.7%，远高于其他职业人群；占比10%左右的有公务员、本市工人、公司职员和离退休人员，其他群体受访者占比较低。

表3　**年龄百分比**

项目/年龄	数量	百分比	有效百分比	累计百分比
18岁以下	2	1.8	1.8	1.8
18~30岁	52	46.8	46.8	48.6
31~40岁	29	26.1	26.1	74.8
41~50岁	16	14.4	14.4	89.2
51~60岁	9	8.1	8.1	97.3
61岁以上	3	2.7	2.7	100.0
合计	111	100.0	100.0	—

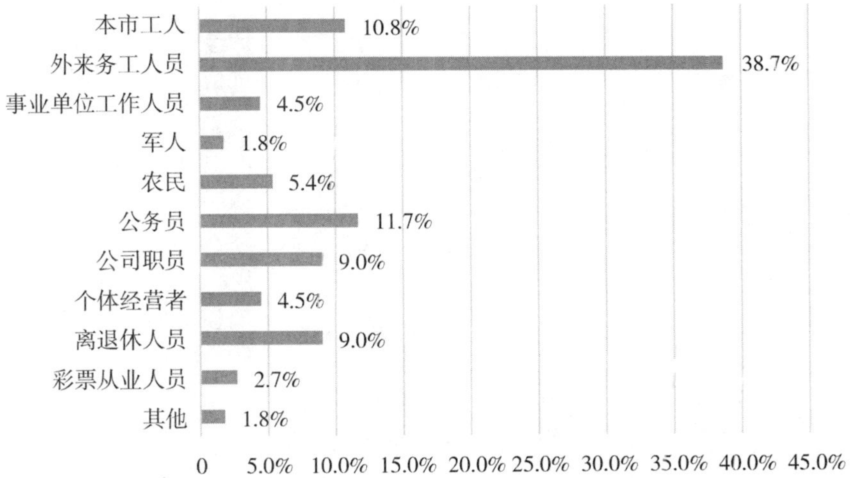

图1　职业百分比

2.4　学历

由图2可知，七成多受访者的学历在高中/中专以下，其中高中/中专学历的比例最高，为45.9%。大学/大专学历的受访者也占一定比重，为24.3%。

2.5　月收入状况

由图3可知，六成多受访者的月收入在4 000元以下；月收入为2 000~4 000元的受访者比例最高，为55%；月收入6 000元以上的受访者也占一定比重，接近两成，为18.3%。

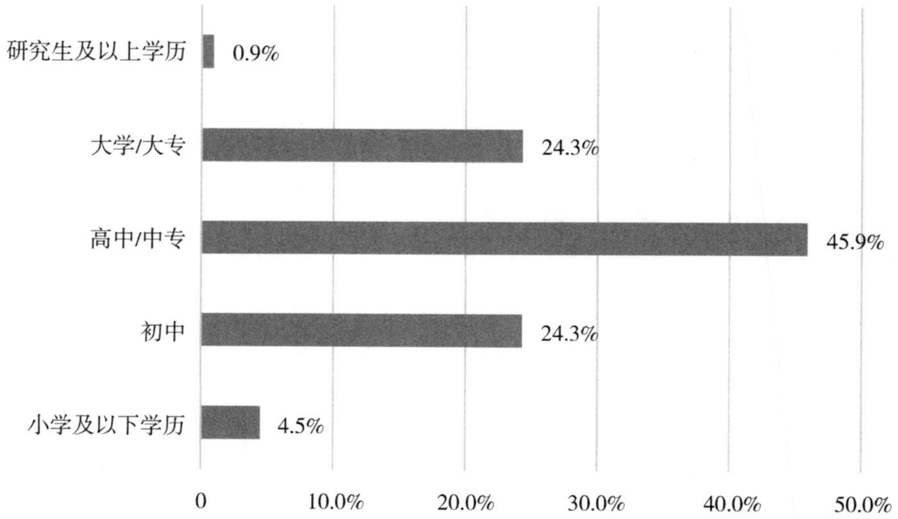

图2 学历百分比

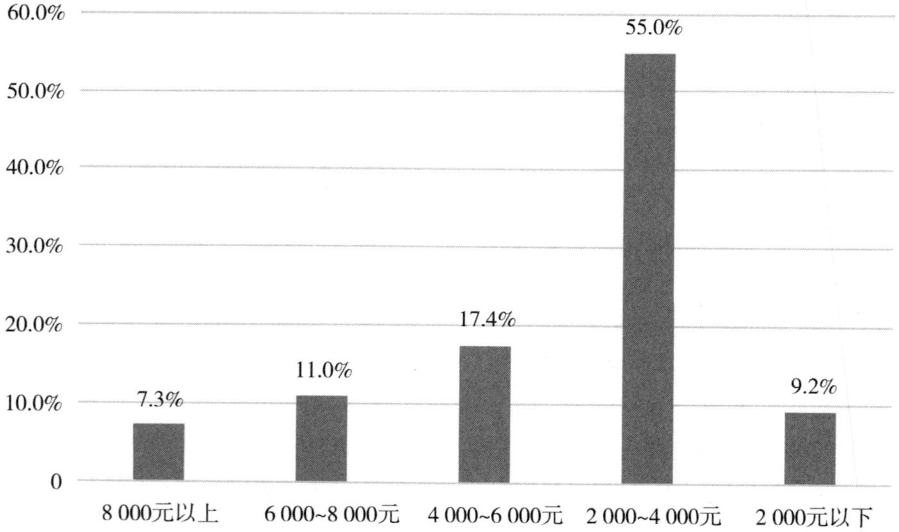

图3 月收入百分比

3 购彩者购彩情况分析

3.1 是否购买过彩票

由图4可知，本次调查的受访者绝大多数购买过彩票，占98.2%。

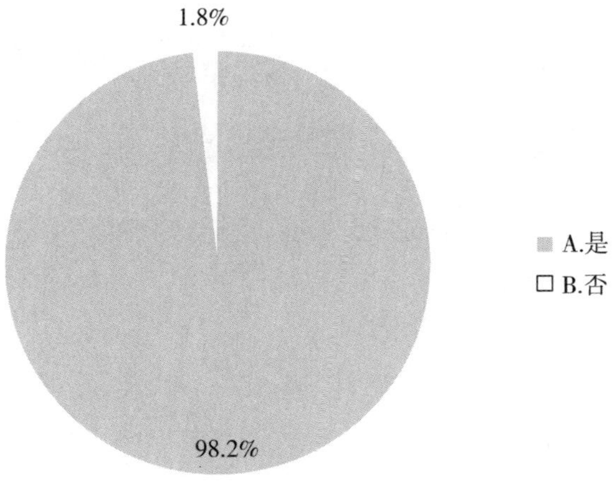

图4　是否购买过彩票百分比

3.2　购买彩票的途径

由图5可知，九成多受访者使用过投注站购买彩票；使用过手机或网络新型信息技术手段购彩的也占一定比例，分别为21.6%和11.7%，说明这类新型购彩途径为一部分人所接受。

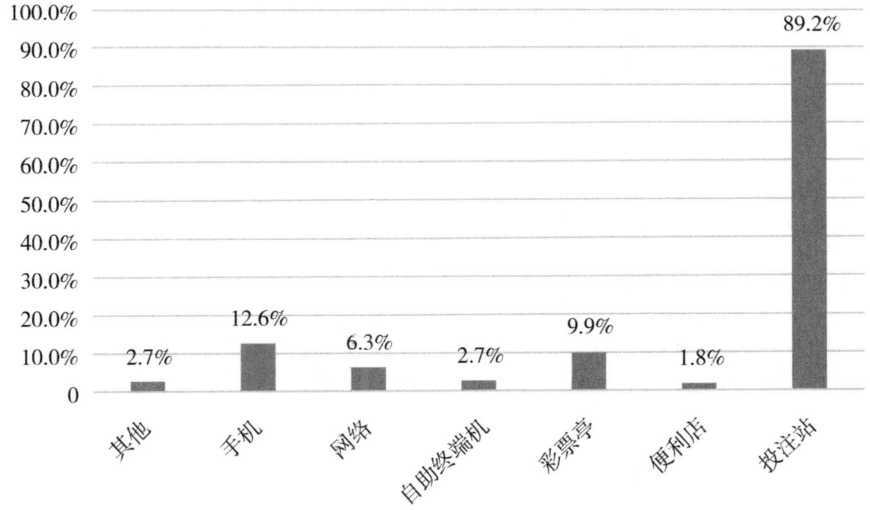

图5　购彩途径百分比

3.3　购买彩票的目的

由图6可知，多数人购买彩票的目的主要是娱乐、中奖和支持公益。娱乐目的最高，为60.4%；其次是中奖和支持公益，分别为57.7%和43.2%。

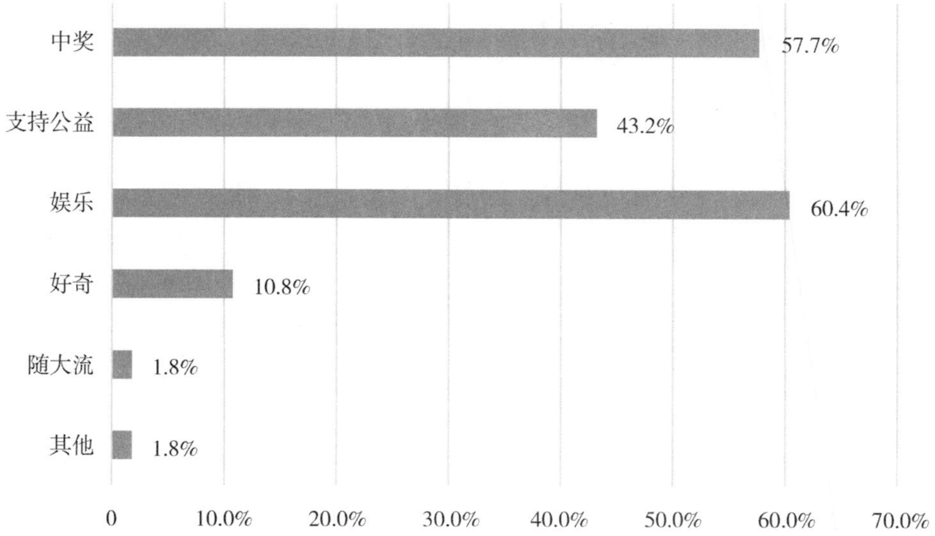

图6 购彩目的百分比

3.4 选择该方式购买彩票的原因

由图7可知，67.6%的受访者出于方便考虑选择某种购彩方式，而36.9%的受访者则出于习惯原因选择某种购彩方式，认为服务好和能带来好运的也占一定比重，约两成左右，还有少部分人注重购彩方式的可靠性。

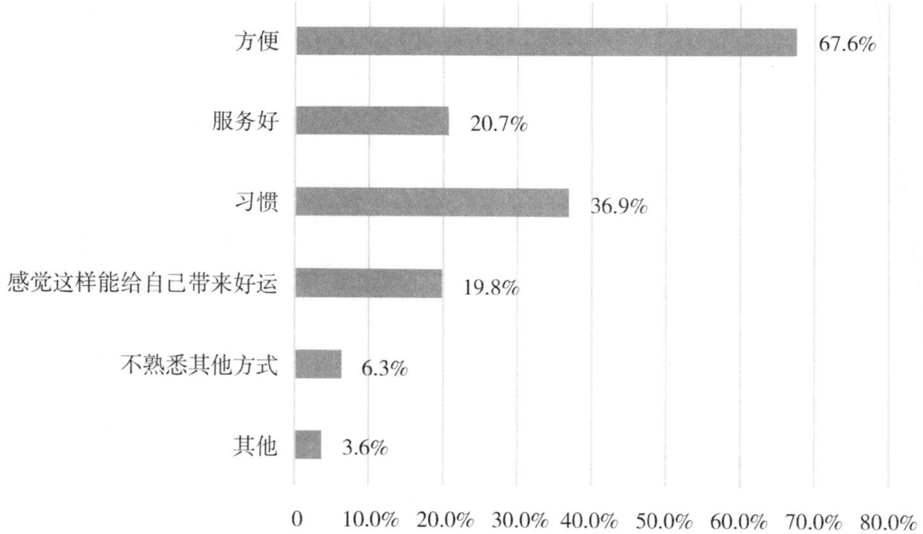

图7 选择该种购彩方式的原因百分比

3.5 通过网络购彩与非网络购彩的比例

由图8可知，受访者大多数通过非网络方式购买彩票，如只通过非网络方式购买的占51.4%，“主要通过非网络方式购买，只是有时通过网络购买”的占24.3%，只通过网络购买的只占9.0%。

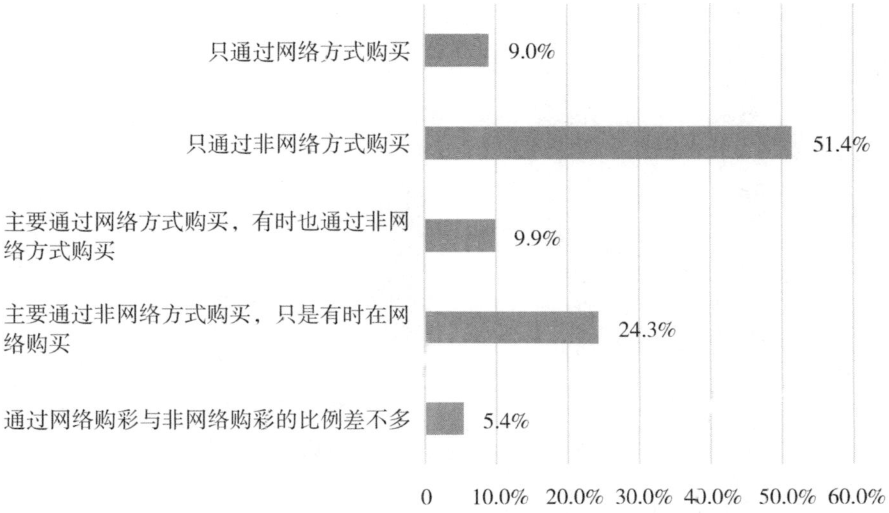

图8　网络购彩与非网络购彩比例

3.6 购买彩票年限

由图9可知，多数受访者购彩年限在10年及以上，占20.2%；3年以下的占三成多；接近四成受访者购彩年限在5年以上。受访者平均购彩年限为4.9年。

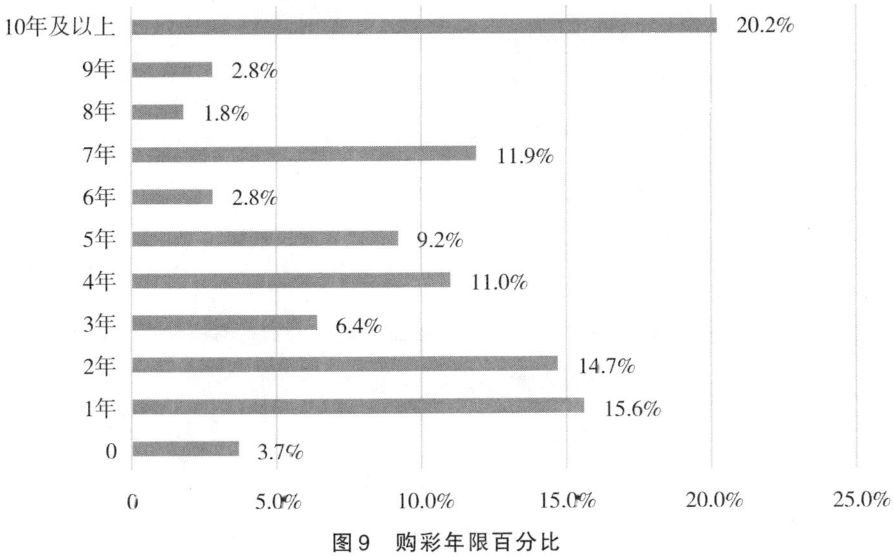

图9　购彩年限百分比

由图10可知，受访者网络购彩年限较低，1年以上的仅占12.6%，大多数受访者网络购彩不到1年，这与网络购彩方式的出现较晚有较大关系。

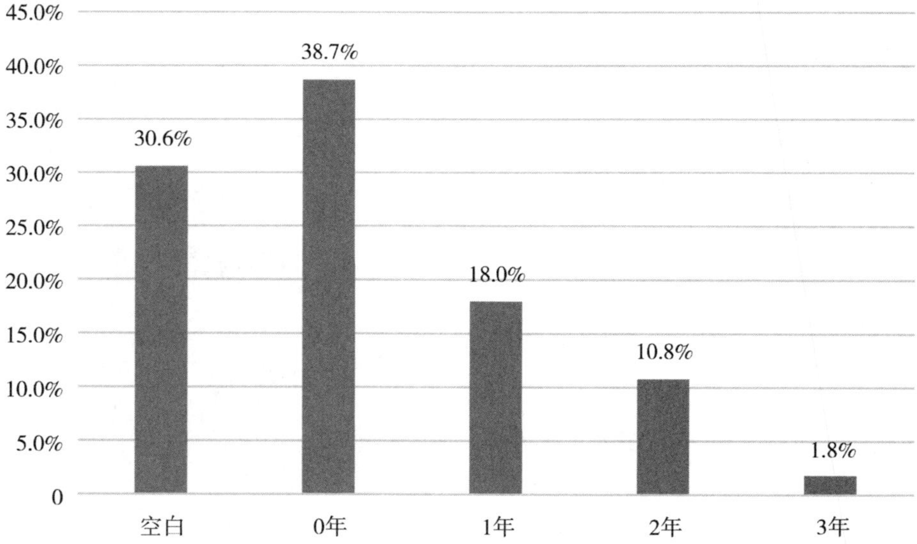

图10 网络购彩年限百分比

3.7 购买彩票的网站

由图11可知，大多数受访者从不在网站上购买彩票，占43.2%；其他受访者购彩的网站主要有淘宝彩票、500彩票、腾讯彩票、360彩票、新浪彩票和网易彩票，还有京东彩票或快彩。

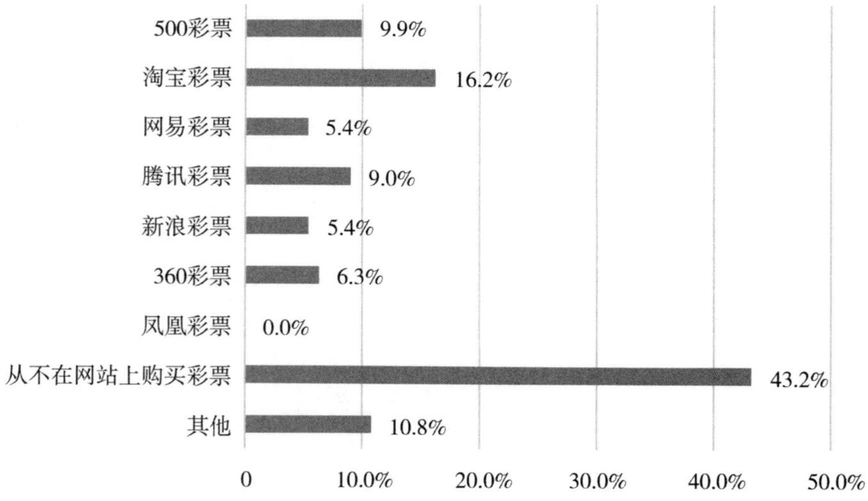

图11 购买彩票的网站百分比

3.8 吸引购彩的网站

由图12可知，半数受访者认同专门的彩票网站，其次则是大的门户网站或人气旺的网上商城，选择社交网站的比例最低，只有3.6%。

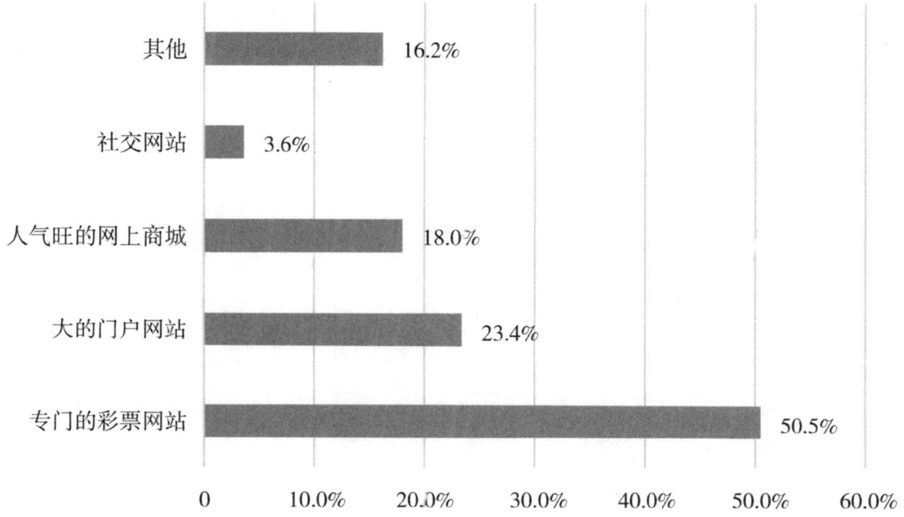

图12 吸引购彩网站百分比

3.9 每周网络购彩频率

由图13可知，受访者每周网络购彩频率不高，3次以上的仅占17.1%，这说明网络购彩方式还不被人们广泛采用。

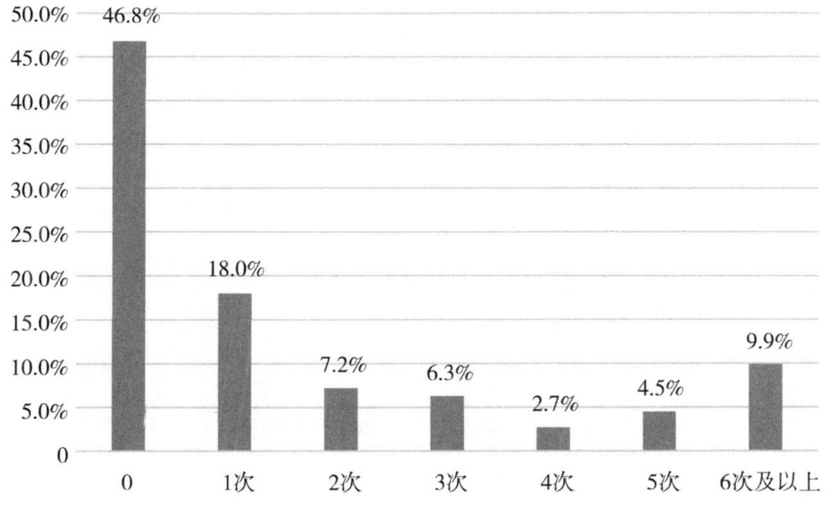

图13 每周网络购彩频率百分比

3.10 每月网络购彩的金额

由图14可知，多数受访者每月网络购彩金额支出并不高，100元以下的占七成多，100~300元的占12.6%，300~500元的占9.0%，500元以上的比例较低。

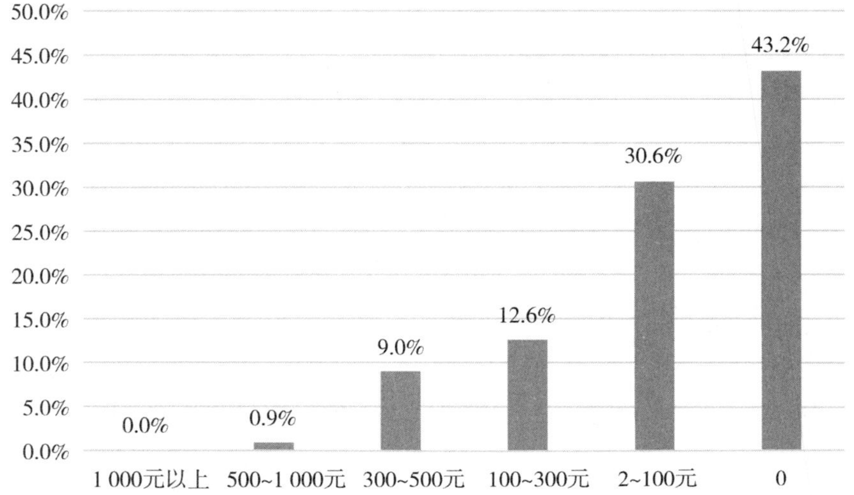

图14 每月网络购彩金额百分比

3.11 网络购彩时间

由图15可知，36%的受访者不会考虑在网站上买彩票。会在网上买的，18%是节假日消遣时买，其次是彩票发行机构有促销（比如加奖）时买，占16.2%；奖池金额很高时买的占14.4%；在网上购物时顺便买的占13.5%。可见，节假日的促销活动对人们网络购彩具有一定的促进作用。

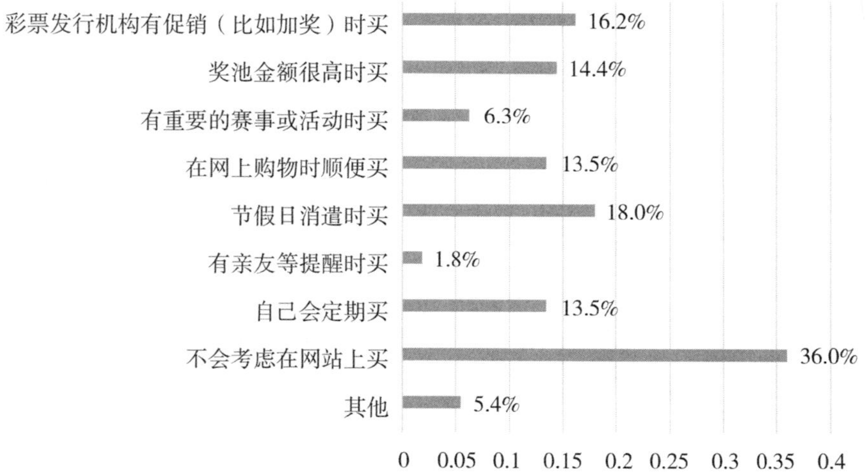

图15 网络购彩时间百分比

3.12 网络购买的彩票

由图16可知，大多数受访者会在网上购买双色球，占56.8%；其次分别是大乐透、福彩3D和竞彩足球，分别占20.7%、8.1%和5.4%。

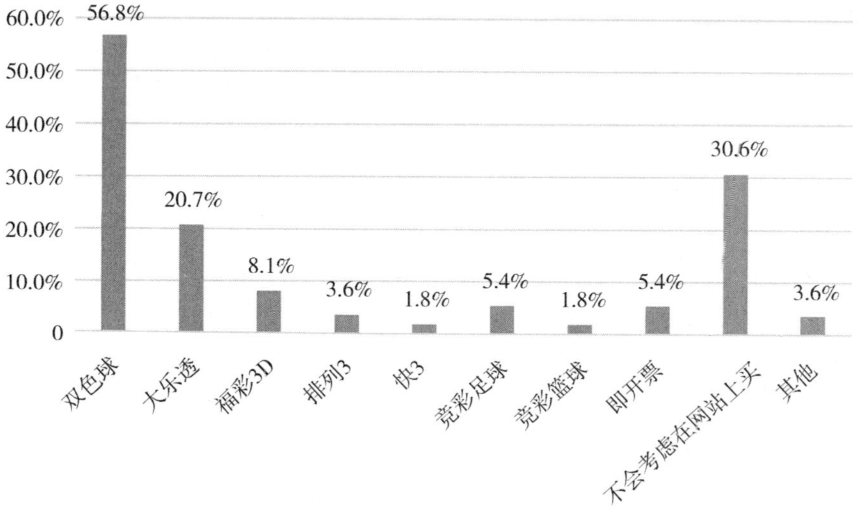

图16 网络购买的彩票类型百分比

3.13 网络购彩的好处

由图17可知，六成多受访者认为网络购彩很方便，四成受访者认为网络购彩不受时间限制，近三成受访者认为网络购彩符合现代人生活方式；认为网络购彩不受空间限制的占27.0%，这与网络购彩的特点紧密相关；但是，保密性和信息量并不为人们所看重。

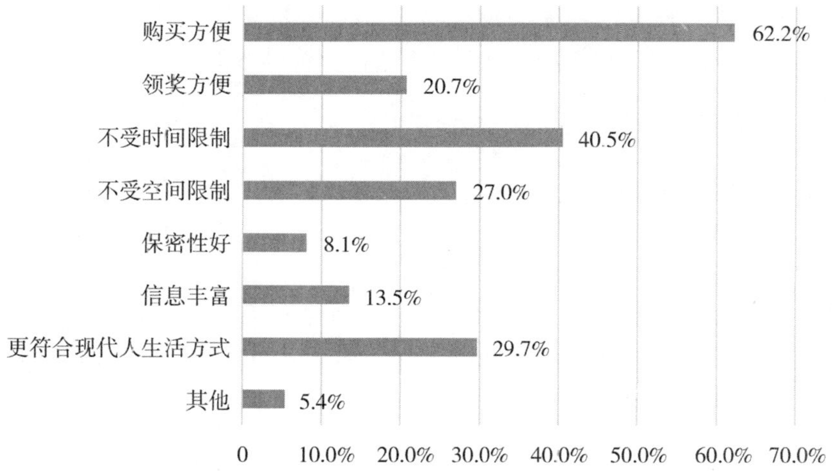

图17 网络购买彩票好处百分比

3.14 影响网络购彩的重要因素

由图18可知，62.2%的受访者注重网络购彩的账户安全，注重购彩方便的受访者占49.5%，注重领奖方便的受访者占29.7%，间接反映了人们对网络购彩的安全性持怀疑态度。

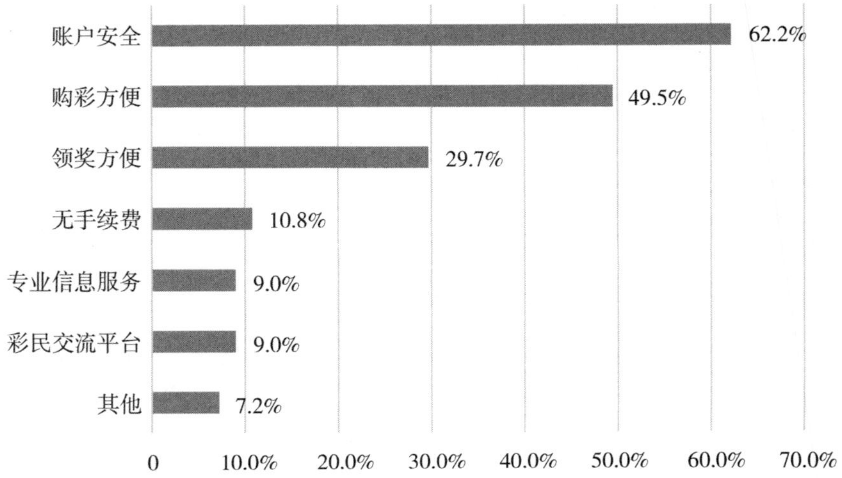

图18 网络购彩的重要因素

4 交叉分析

4.1 经常购彩渠道——年龄分析

由图5可知，大多数受访者通过投注站购买福利彩票，使用手机或网络新型信息化手段购彩的较少，只占10.5%。交叉数据分析显示，今后使用手机或网络购彩的受访者也以年轻人为主，30岁以下的比例为54.5%。

4.2 购买的彩种相关性分析

我们对问卷第6题项的数据进行转换，某玩法被勾选了的数据为1，没有被勾选的数据为0，如选择了双色球的，则数据登记为1，没有选择的则登记为0，最后对各玩法进行相关分析，分析结果见表4。

分析：由表4可知，3D、5D和好彩1与多个彩种具有显著相关关系。如好彩1和3D、5D在0.01水平上显著相关，相关系数为0.315，说明购买好彩1的人有可能购买3D、5D。然而，尽管购买双色球的人较多，但双色球与其他彩种的相关性不大；快乐十分的购买者也相对较多，但与其他彩种的相关性也不大。可见，受购彩者欢迎的彩种与其他彩种相关性不大。

表4 **彩种相关性分析**

		双色球	3D、5 D	快乐十分	刮刮乐	36选7、26选5	开乐彩	好彩1	中福在线即开票玩法
双色球	皮尔逊相关系数	1	-0.182*	0.048	0.040	0.034	0.005	0.020	.[a]
	显著性（双尾）		0.013	0.518	0.591	0.644	0.942	0.785	.
	样本数	186	186	186	186	186	186	186	186
3D、5 D	皮尔逊相关系数	-0.182*	1	0.214**	0.190**	0.178*	0.182*	0.315**	.[a]
	显著性（双尾）	0.013		0.003	0.009	0.015	0.013	0.000	.
	样本数	186	186	186	186	186	186	186	186
快乐十分	皮尔逊相关系数	0.048	0.214**	1	0.101	-0.023	0.113	0.053	.[a]
	显著性（双尾）	0.518	0.003		0.171	0.751	0.123	0.469	.
	样本数	186	186	186	186	186	186	186	186
刮刮乐	皮尔逊相关系数	0.040	0.190**	0.101	1	0.052	0.136	0.155*	.[a]
	显著性（双尾）	0.591	0.009	0.171		0.480	0.064	0.035	.
	样本数	186	186	186	186	186	186	186	186
36选7、26选5	皮尔逊相关系数	0.034	0.178*	-0.023	0.052	1	0.158*	0.259**	.[a]
	显著性（双尾）	0.644	0.015	0.751	0.480		0.031	0.000	.
	样本数	186	186	186	186	186	186	186	186
开乐彩	皮尔逊相关系数	0.005	0.182*	0.113	0.136	0.158*	1	0.268**	.[a]
	显著性（双尾）	0.942	0.013	0.123	0.064	0.031		0.000	.
	样本数	186	186	186	186	186	186	186	186
好彩1	皮尔逊相关系数	0.020	0.315**	0.053	0.155*	0.259**	0.268**	1	.[a]
	显著性（双尾）	0.785	0.000	0.469	0.035	0.000	0.000		.
	样本数	186	186	186	186	186	186	186	186
中福在线即开票玩法	皮尔逊相关系数	.[a]	.[a]	.[a]	.[a]	.[a]	.[a]	.[a]	.[a]
	显著性（双尾）	.	.	.	.	.	.	.	
	样本数	186	186	186	186	186	186	186	186

*系数在 0.05 水平上显著（双尾）。

**系数在 0.01 水平上显著（双尾）。

5 对策建议

5.1 留住老购彩者，吸引新购彩者

调查显示，八成以上的受访者仍然通过投注站购彩。尽管在线调查的受访者较多依赖网络及手机购彩，但这部分人很可能并不常出现在投注站中。相对于地面调查，在线调查中，公司职员与个体经营者的比例显著提高，而这些人并非投注站的常客。我们认为，购彩者的购彩方式呈现分化趋势，投注站和网络各有一部分黏性较高的购彩者群体。这为每个投注站根据自己的实际情况思考营销对策预留了较充分的时间和可能性。在这种情况下，如何更好地应对实体环境下的竞争（比如附近的投注站），如何更好地维系和留住本站已有的购彩者，如何抓住时机进行有效促销，仍然是投注站经营者的主要着眼点。

5.1.1 留住老购彩者的主要措施

首先要满足购彩者的便利性需要。我们在调查中发现，购彩者对提供好的开奖公告和走势图的要求非常高，现有的提供开奖公告和走势图的方式已经不能满足购彩者的要求了，购彩者希望有较长追溯期的走势图、清晰醒目的开奖公告，因此在投注站的展示上要做必要的改进。38.4%的受访者希望福彩投注站提供可上网的电脑，而32.5%的购彩者则希望提供推介资料。对于这些需求，福利彩票中心可考虑进行试点，如果效果好，则可以大面积展开。

在投注站的服务上，要继续完善现有的服务措施。本次调研的结论显示，只有50%左右受访者认为福彩投注站服务热情，形象统一；而认为销售员训练有素的比例则相对较低，只有15.8%；认为资料齐全和设施完备的比例也不算高，不超过25%。这说明福利彩票在投注站服务水平上仍然有非常大的提升空间。福利彩票中心可以考虑建立统一的投注站评价指标体系，定期对其进行量化考核，不断提升其服务水平；对于销售员，要协助投注站解决其社保问题（如联系挂靠公司等），以稳定销售员队伍，同时要加强业务水平培训，不断提升其服务能力。

其次是营造投注站的社区氛围，打造社区沟通平台。与网络购彩者不同，投注站购彩者购买购彩者的主要目的是娱乐和中大奖，娱乐目的排第一位。很多购彩者来投注站都要坐一会儿，研究一下号码走势图，以此消磨时间，因此投注站除了在彩种上增强娱乐性外，也要思考如何打造一个留住购彩者、供购彩者消遣的娱乐社区平台。有研究发现，网络购彩渠道与跟其他人或者销售员共同研究购买方式相关性水平显著，很多人愿意在网上探讨购买技巧甚至合买彩票，进行围号，这显示出购彩者有这样一种心理需求，投注站也可以借鉴这一做法，以留住老购彩者。

根据马斯洛的需求层次理论，人们普遍具有社会交往和情感的需要，具有自

尊和受人尊重的需要。我们的调研表明，主要通过网络购彩的人往往被认为符合现代人的网络生活方式，但对于只通过非网络方式购彩的人来说，则有所不同，其认可的生活方式远离网络，他们可能更多地从现实的交流和互动中获得存在感。因此，投注站应有意识地营造站内的社区氛围，培养一部分素质较高的忠诚购彩者，让购彩者在投注站内感受到与站主、销售员和其他购彩者之间的良好关系，感觉自己受到尊重。购彩者在投注站不仅可以交流购彩体会，还有更多的共同话题，这可以增加购彩者对投注站的归属感和忠诚度。

此外，需要指出的是，这种社区氛围的营造以实体站为依托，但不应拘泥于实体形式。在微博、微信等社交媒体被人们普遍使用的现在，投注站可以通过多种方式，进行客户关系管理，加强与购彩者的沟通和交流，使购彩者从投注站获得更大的关系价值和情感价值。

5.1.2 吸引新购彩者的主要措施

要吸引新购彩者，就要考虑网络购彩者群体的特征及购彩行为，要考虑如何在政策放开的情况下将线上线下的购彩者引导到一个合理的平台上，在促销、宣传及公关上使线上线下结合在一起，形成协同效应。

目前，网络购彩对于投注站的彩票销售只是冲击，并无实质性帮助，在这种情况下，投注站的宣传可以针对网络购彩的账户安全性、不成熟性、兑奖的不便利性和政策的边缘性等进行重点宣传，引导购彩者回到投注站。

购彩者在投注站购彩有很强的安全感。在线调查的受访者认为影响网络购彩的最重要因素是账户安全，占八成以上。此外，奖金尤其是大奖能否兑现，也是影响购彩者网络购彩的重要因素。而经过多年发展，投注站的管理体系已经相对成熟、稳定，购彩者基本不存在上述担忧。特别在投注站购彩，可以即时出票，作为官方认可的兑奖凭证。

投注站目前具备一定的产品优势。投注站尤其是大的投注站，所售彩票的品种相对比较齐全，可以让购彩者有多样化的选择。而在目前的网站中，有一些彩票，比如即开型彩票的销售受到限制。

实体空间更容易聚集人气，形成社区氛围。调研结果显示，购彩者普遍呼吁应加强购彩网站上购彩者交流平台的建设，这也反映了交流和交往是购彩者的基本需要之一。如前所述，投注站可以通过多种途径营造站内的社区氛围，这对于提高购彩者的黏性至关重要。同时，站内即时的走势图参考对购彩者来说也是很好的服务。

5.2 接受和熟悉网络购彩，应对可能的挑战

不可否认，越来越多的商业模式会与互联网融合发展，包括彩票销售，这是大势所趋。投注站经营者不能因为网络购彩对实体店有冲击就对其拒之千里，甚至采取敌对的态度，也不能因为网络购彩的暂时停止而不未雨绸缪，应该认识到

“知己知彼”的重要性。投注站经营者也可以主动了解网络购彩，熟悉网络购彩，这样才能知道自己的优势何在、自己的营销重点何在。有条件的投注站可以在店内设置免费Wifi和可上网的电脑，为购彩者提供进行网上查询或购彩的条件。这不仅不会分流购彩者，反而会让购彩者感受到更好的服务和更大的价值，同时也是投注站直接了解购彩者网络购彩情况的一个途径。

在本次调研的受访者中，只通过网络购彩的仅占两成，大多数人都会在不同程度上通过投注站购彩，因此投注站可以有意识地去争取这部分中间购彩者。因为尽管网络购彩受到关注，但毕竟刚刚开始发展，在成熟度上很难和投注站相比。投注站必须清楚自己的相对优势所在，并进行传播。

5.3 抓住促销时机，采用多样化的宣传方式

第一，促销和推广对投注站购彩者具有吸引力。调研发现，在线调查的受访者自己会定期购买的比例相当高，而受外界刺激影响相对较小。这可能与人们在网络购物情境下更加独立有关，也反映了在线购彩者相对比较理性。然而地面调查发现，受访者主要受到外界因素的刺激才在网上购买彩票，如促销活动、奖池金额很高等。这说明实体购彩环境下的购彩者更容易受到促销的影响。

第二，具体到每个投注站，一方面可以配合省市福彩中心的统一部署，开展有关促销活动；另一方面还应根据本站的实际情况，加强购彩者客户关系管理和促销传播。如前所述，投注站也应通过飞信、QQ群、微博、微信等多种方式，及时将促销信息、中奖信息等发送给自己的购彩者。

5.4 建议每个投注站都做一个自己的购彩者调研

在调研中我们发现，投注站之间在经营业绩、经营模式、管理方法、购彩者构成和活动规律等方面均存在差异。实际上，每个投注站都有自己的特点、优势和面对的问题，很难通过面上的调研精确覆盖。而每个投注站要更好地制定自己的营销策略，就应该对自己的购彩者做一个较深入的调研，即使没有网络购彩的冲击也应如此。这样的调研有助于投注站深入了解、科学分析和全面认识自己的购彩者，从而制定更具有针对性和可操作性的营销策略。当然，市福彩中心可以在专业方面给予支持。

参考文献

[1] 张晓萍. 福利彩票的网络化销售问题与对策研究 [D]. 济南：山东师范大学管理科学与工程学院，2015.

[2] 王长斌. 我国的互联网彩票：经营模式、发展策略与管制框架 [J]. 财经论丛，2016 (2)：105-112.

[3] 陈煊．互联网彩票销售存在的问题与应对之策 [J]．改革与开放，2014（1）：61-62.

[4] 朱菊生．网络购彩方兴未艾 [N]．中国城乡金融报，2010-09-30（A03）．

[5] 宋杰．我国开展互联网销售彩票的问题与对策研究 [J]．体育科技文献通报，2013（6)：102-104.

Analysis and Suggestions of Buying Characteristics of Internet Welfare Lottery

Chen Youxing

（Lottery Research Center of Guangdong University of Finance and Economics, Guangzhou，510320，China）

Abstract: The development tendency of new Internet lottery buying mode will influence peoples' buying psychology and behavior although it is temporarily halted.It is necessary to investigate and study peoples' buying and characteristics and find out the characteristics and changing rules of the Internet lottery buying.It will provide a new idea and basis for lottery theory research and practice.

Key Words: Welfare Lottery，Network Purchasing，Purchasing Behavior

广东省珠三角地区与非珠三角地区购彩者行为的比较研究

黄严冰

（广东省福利彩票发行中心，广州，510030）

摘　要： 本文选取珠三角地区五个城市及非珠三角地区三个城市，通过问卷调查法、访谈法和观察法，对其购彩者的购彩行为进行了对比研究。研究发现，非珠三角地区的男性购彩者比例明显高于珠三角地区，购彩者以工人（含外来务工者）居多；非珠三角地区不健康购彩行为比较严重，但珠三角地区出现病态购彩者的可能性比非珠三角地区高，且在购彩支出、信息渠道及选择站点等方面存在明显的地域差异性。本文的研究结果将为完善地方彩票管理、制定有针对性的彩票营销策略提供可资借鉴的科学依据。

关键词： 购彩者　购彩行为　珠三角地区　非珠三角地区

1　前言

我国彩票自1987年发行以来发展迅速，为社会公益事业做出了重大贡献，但是，我国彩票的发展具有地方差异性，受到当地经济发展水平及社会文化状况等因素的影响。购彩者的购彩行为特征也因地域而有所差异，以广东省为例，珠三角地区[①]与非珠三角地区的经济发展水平和社会文化状况等存在较大差异，彩票的销量也呈现较大差异。根据广东省统计局综合处公布的《2015年广东国民经济和社会发展统计公报》，2015年珠三角地区国民生产总值占广东省的比重为79.2%，而2015年珠三角地区福利彩票销量约占广东省福利彩票销量的76.15%，体育彩票销量则占广东省体育彩票销量的78.47%。

因此，对广东省珠三角地区与非珠三角地区的购彩者的购彩行为进行比较研究，揭示购彩者的购彩行为特征差异，将为完善地方彩票的管理和制定有针对性的彩票营销策略提供可资借鉴的科学依据。

---

① 珠三角地区最初于1994年由广东省委在七届三次全会上提出，指由广州、深圳、佛山、珠海、东莞、中山、惠州、江门及肇庆9市所组成的区域。

2 研究对象与方法

2.1 研究对象

本次调查利用抽样调查原理，珠三角地区选取了广州、佛山、中山、江门、肇庆五个市，对1 430名购彩者进行问卷调查，回收有效问卷1 171份，回收率为81.89%；而非珠三角地区则选取韶关、汕头、清远三市，对530名购彩者进行问卷调查，回收有效问卷508份，回收率为95.85%。

2.2 研究方法

在查阅近年来有关彩票研究的文献的基础上，结合市场细分法和结构分析法对样本和问卷的要求，本次调查以抽样调查为主、重点调查为辅，以问卷调查为主、访问法和观察法为辅。

3 调查结果与分析

利昂·G.希夫曼和莱斯利·L.卡纽克（2007）指出：消费者行为是消费者在寻求、购买、使用、评价和处理他们期望能够满足其需求的产品和服务过程中所表现的行为。对购彩者购彩行为的研究偏向其所具有的行为特征，主要包括：购彩者的个人因素特征，如购彩者的性别、年龄、职业，以及购彩时间、购彩目的、购彩方式、购彩能力等购买行为。本研究除了对珠三角地区及非珠三角地区购彩者的购彩行为进行调查外，还对他们的购彩行为进行对比分析，结果如下：

3.1 购彩者的个人因素特征对比分析

对购彩者的个人因素特征的调查包括性别、年龄和职业三个方面，调查结果表明：

3.1.1 购彩者中男女比例差异大

尽管珠三角地区与非珠三角地区的购彩者都以男性为主，比重超七成，但男女比例差异大，珠三角地区的男女比例为2.9：1，而非珠三角地区的男女比例却达到5.8：1。究其原因，除与男性较女性更爱冒险的天性有关外，还与地区的经济差异有莫大的关系：地方经济越不发达，购彩者的男女比例就越大，即更多男性参与购彩活动，详见表1。

3.1.2 购彩者年龄呈现倒“U”形

从年龄来看，购彩者年龄呈现倒“U”形，即年龄在45~65岁的群体参与度最高，其他年龄群体则呈现较低的参与度（Klotfelter and Cook，1987）。珠三角地

表1 **购彩者性别构成（%）**

性别/地区	男性	女性	合计
珠三角地区	74.03	25.97	100
非珠三角地区	85.29	14.71	100

区与非珠三角地区购彩者的年龄分布也呈倒“U”形，不过，人数以中年人居多，31~50岁的比例都超过50%，而青年与51岁以上的购彩者占少数。

非珠三角地区51~60岁购彩者比重（16.32%）明显高于珠三角地区（7.46%），61岁及以上购彩者则略高些；而珠三角地区的中青年购彩者（18~50岁）比重却稍高于非珠三角地区，差异不大。这说明经济欠发达地区有相当一部分上了年纪的人有购彩行为，要较经济发达地区多，而经济发达地区购彩者则以中青年为主，详见表2。

表2 **购彩者各年龄构成（%）**

年龄/地区	18~30岁	31~40岁	41~50岁	51~60岁	61岁及以上	合计
珠三角地区	31.00	37.08	20.71	7.46	3.76	100
非珠三角地区	22.06	35.54	18.33	16.32	7.75	100

3.1.3 近半购彩者为本市工人、事业单位人员和个体经营者

无论是珠三角地区还是非珠三角地区，近半购彩者为本市工人、事业单位人员和个体经营者。其中，非珠三角地区事业单位人员和公务员购彩比例要明显高于珠三角地区，而非珠三角地区本市工人购彩比例则低于珠三角地区。

调查发现，非珠三角地区外来务工人员购彩比例明显低于珠三角地区，经过访谈，发现主要原因有两个：一是非珠三角地区经济欠发达，造成工业相对落后；二是非珠三角地区大部分人外出打工，有相当一部分人构成了珠三角地区的外来务工人员，详见表3。

表3 **购彩者的职业构成（%）**

职业/地区	本市工人	外来务工人员	事业单位人员	军人	农民	公务员	公司职员	个体经营者	离退休人员	其他	合计
珠三角地区	24.19	22.52	15.95	1.34	1.99	5.39	6.07	10.39	6.12	6.04	100
非珠三角地区	18.86	9.78	19.70	2.17	2.17	14.77	8.10	11.90	9.33	3.21	100

3.2 购彩者的购买行为特征对比分析

购彩者的购彩行为是购彩者购买彩票用以满足自身需要过程中的具体表现和各种活动，本文对购彩者购彩行为特征的研究主要包括购彩时间、购彩目的、购彩金额、购彩支出比例、增加消费的目的、购彩方式和购彩时选择的站点。

3.2.1 购彩者购买彩票时间的地区差异不大

在购买彩票时间方面，购彩者的地区差异不大，无论是珠三角地区还是非珠三角地区，上午9点至晚上8点的各个时间段都有相当一部分人购买彩票，超过九成；而晚上8点后购彩的只占很少一部分，约为4%。总体来看，两地购彩者的购彩时间差异不是很大，六成的人会在下午3点至晚上8点的时间段购买彩票，珠三角地区下午3点到晚上6点购彩的人数比非珠三角地区的要多些；而晚上6点到晚上8点购买彩票的人数，非珠三角地区为四成，比珠三角地区要高些，详见表4。

表4 **购彩者购彩时间分布（%）**

时间 地区	9：00—12：00	12：00—15：00	15：00—18：00	18：00—20：00	20：00—22：00	22：00后	合计
珠三角地区	17.73	18.68	29.83	30.37	2.74	0.64	100
非珠三角地区	18.53	15.15	20.98	41.37	3.48	0.49	100

3.2.2 购彩者经常购买体育彩票和福利彩票

调查表明，超过六成的受访者经常购买体育彩票和福利彩票，而不会偏向某一种。非珠三角地区这一数值更是达到七成，明显高于珠三角地区，而且珠三角地区经常购买体育彩票的购彩者比重达三成，高于非珠三角地区。这说明珠三角地区的体育彩票购买者对体育彩票的忠诚度相对高些，见表5。

表5 **经常购买的彩票比例构成（%）**

彩票 地区	体育彩票	福利彩票	两者都有	合计
珠三角地区	30.01	5.61	64.38	100
非珠三角地区	23.15	4.38	72.46	100

3.2.3 购彩者购买彩票的目的非常相似

珠三角地区与非珠三角地区的购彩者购彩目的非常相似，居首位的购彩目的是中大奖，珠三角地区的比例接近五成，高于非珠三角地区，说明珠三角地区购彩者的中奖动机更强烈；第二位的购彩目的是娱乐，非珠三角地区的比例接近三成，略高于珠三角地区；接下来的购彩目的依次是支持奥运及公益、热爱足球和全面健身，见表6。

表6 购彩目的构成（%）

地区＼目的	娱乐	中大奖	支持奥运及公益	热爱足球	全面健身	其他	合计
珠三角地区	26.30	47.47	15.42	8.54	1.33	0.94	100
非珠三角地区	29.82	41.74	16.82	7.98	1.62	2.02	100

3.2.4 每次购买彩票的金额有所区别

超过六成受访者每次购彩金额在50元以下，近四成珠三角地区购彩者每次购彩金额低于10元，远高于非珠三角地区；而每次购彩金额在10~200元的三个区间（10~50元、50~100元、100~200元），非珠三角地区的人数比重都大于珠三角地区，但当购彩金额大于200元时，珠三角地区的人数比重反而大于非珠三角地区，这与珠三角地区发达的经济状况相符。以上情况说明，大部分非珠三角地区购彩者每次购彩的支出要大于珠三角地区，在一定程度上显示出珠三角地区的购彩者较非珠三角地区的购彩者更理性和健康，见表7。

表7 每次购买彩票金额构成（%）

地区＼金额	10元以下	10~50元	50~100元	100~200元	200~300元	300元以上	不一定，看奖池和心情	合计
珠三角地区	39.31	22.36	8.97	9.43	7.32	2.64	9.96	100
非珠三角地区	25.71	37.40	13.67	11.25	3.54	1.92	6.51	100

3.2.5 超过八成购彩者每月的购彩支出比重在10%以下

无论是珠三角地区还是非珠三角地区，超过八成购彩者的购彩支出比重在10%以下，且两地差异不大；而在10%~20%的购彩支出比重范围内，非珠三角地区的人数比例大于珠三角地区，这也说明非珠三角地区购彩者存在不理想和不健康的购彩行为。曾忠禄、张冬梅（2006）认为，若购彩者每月在彩票上的投入超过其收入的20%，可被认为是过度购彩。那么珠三角地区的过度购彩者比例要大于非珠三角地区，而出现病态购彩者的可能性也以珠三角地区居多，见表8。

表8 每月购彩占月收入比重结构

地区＼支出比重	2%以下	2%~5%	5%~10%	10%~15%	15%~20%	20%以上	合计
珠三角地区	28.49	31.66	24.07	6.73	4.17	4.87	100
非珠三角地区	30.73	28.06	21.50	11.16	6.75	1.81	100

3.2.6 加奖和累计奖金额高是购彩者增加购彩金额的主因

调查表明，加奖和累计奖金额高是购彩者增加购彩金额的主因，且珠三角地区的购彩者更容易受累计奖金额高的影响而增加购彩金额，这样的购彩者约占

30%，远高于非珠三角地区的20%；至于其他增加购彩金额的原因，非珠三角地区都略高于珠三角地区，如加奖促销、号码走势明显、心水号码出现、个人收入增加等，说明非珠三角地区购彩者的购彩意愿强烈，较易受外部因素的影响，见表9。

表9 增加购彩金额原因构成（%）

原因 / 地区	加奖促销	号码走势明显	心水号码出现	累计奖金额高	个人收入增加	其他	合计
珠三角地区	25.00	13.90	21.31	30.89	7.59	1.10	100
非珠三角地区	27.02	15.81	24.30	20.66	9.90	2.31	100

3.2.7 购买彩票的方式地区差异不大

调查表明，购彩方式的地区差异不大，五成多的珠三角地区购彩者自己选号，略高于非珠三角地区；而跟固定号码和跟其他人选的非珠三角地区购彩者比例则稍高于珠三角地区，机选方式的地区差异很小，见表10。

表10 购彩方式构成（%）

方式 / 地区	看走势，自己选	跟固定号码	跟其他人选	机选	合计
珠三角地区	54.67	13.21	13.15	18.97	100
非珠三角地区	50.53	15.44	15.91	18.12	100

3.2.8 获得开奖信息或投注技巧的渠道差异不大

珠三角地区和非珠三角地区购彩者购彩的渠道差异不大，近四成人依靠网点公告获取信息；依靠开奖节目、手机短信和报纸公告的珠三角地区体育彩票购彩者比重稍高于非珠三角地区，说明珠三角地区传媒信息发展较好，购彩者更多利用现代媒体渠道获取彩票信息；而靠走势图和体育彩票官网获取信息的非珠三角地区购彩者比重略高于珠三角地区，见表11。

表11 获取开奖信息或投注技巧的渠道（%）

渠道 / 地区	开奖节目	网点公告	手机短信	走势图	体育彩票官网	报纸公告	其他	合计
珠三角地区	14.20	39.45	5.59	11.46	10.96	17.86	0.48	100
非珠三角地区	13.14	39.07	5.23	14.61	12.65	14.01	1.29	100

3.2.9 购买彩票时选择的站点有所区别

调查表明，三成多珠三角地区的购彩者会选择买起来方便的站点购彩，高于非珠三角地区的比例，说明珠三角地区的购彩者更注重站点的便利性；至于选择同一个站点购彩的购彩者比重，非珠三角地区高于珠三角地区，这可能是因为非珠三角地区的彩票网点覆盖率较珠三角地区低、选择少，或与非珠三角地区的购彩者对站点的忠诚度高有关，见表12。

表12 **购买彩票时选择的站点（%）**

站点选择 地区	同一家站点	出过大奖的站点	买起来方便的站点	其他	合计
珠三角地区	49.90	14.58	33.19	2.34	100
非珠三角地区	55.81	14.33	25.61	4.25	100

4 结论与建议

4.1 结论

第一，在购彩者个人因素特征的比较上，两地区大体相似，而其中的某些部分却有所差别。两地区的购彩者都以男性为主，比重超七成，然而，购彩者的男女比例却随地区经济发展水平的不同而有所差异，地区经济发展水平越低，其男女比例越高，非珠三角地区的购彩者男女比例达5.8∶1，远高于珠三角地区的2.9∶1。购彩者的年龄分布都呈倒“U”形，都以31~50岁的购彩者为主；而51岁以上的购彩者比重，非珠三角地区明显高于珠三角地区，反映了经济欠发达地区有更多上了年纪的人有购彩行为，而经济发达地区则以中青年购彩者为主。从职业构成对比来看，珠三角地区购彩者中的外来务工人员比重远高于非珠三角地区，反映了珠三角地区有大量外来务工人员的现实情况；而非珠三角地区公务员购彩比例明显高于珠三角地区，说明在经济欠发达地区，稳定可靠的收入成了当地人购彩的有力保证。非珠三角地区的外来务工人员购彩比例明显低于珠三角地区，经过访谈，发现主要原因有两个：一是非珠三角地区经济欠发达，造成工业相对落后；二是非珠三角地区大部分人外出打工，有相当一部分人构成了珠三角地区的外来务工人员。

第二，从购彩行为特征的对比来看，两地区购彩者的购买时间、购买目的和购买方式没有明显差异，六成的人会在下午3点至晚上8点购买彩票，大多数人出于中大奖和娱乐的目的购买彩票，多数人靠自己的判断来挑选号码。

第三，珠三角地区的购彩者对体育彩票的忠诚度高于非珠三角地区。

第四，大部分非珠三角地区的购彩者每次购买彩票的支出及其月支出比重都大于珠三角地区，说明珠三角地区的大部分购彩者购买彩票相对更理性和健康。

第五，珠三角地区的病态购彩者比非珠三角地区相对多。

第六，非珠三角地区的购彩者购彩意愿相对强烈，较易受外部因素的刺激而增加购彩金额。

第七，珠三角地区的购彩者会更多利用现代媒体渠道获取彩票信息，而非珠三角地区的购彩者则相对传统些。

第八，珠三角地区的购彩者选择站点时，更注重站点的便利性；而非珠三角地区的购彩者选择较少，对站点的忠诚度却较高。

4.2 建议

4.2.1 开发潜在的女性购彩者，加强对其他职业人群的推广

目前来看，购彩者以男性为主，尤其是非珠三角地区，男女比例高，应开发潜在的女性购彩者，缩小男女购彩者比例；购彩者中，工薪阶层占多数，应加强对其他职业人群的推广，扩大购彩者的职业面。如结合女性或某职业的特点，在宣传推广方面加入吸引女性或针对某些职业人群的要素，扩大他们对彩票的认同；开发偏向女性或具有某些职业人群特征的新彩票玩法，以达到有效延长产品线的目的。

4.2.2 引导购彩者购彩理念，提倡理性健康购彩

部分购彩者每次购彩金额过高，每月购彩支出比重过大，尤其是在非珠三角地区。对于这种情况，应该通过宣传或培训等活动，引导购彩者认识彩票的意义，防止出现病态购彩行为；对青年人和老年人，应加强宣传教育，引导他们结合自己的经济状况，理性健康购彩。

4.2.3 疏通彩票信息发布渠道，强化彩票宣传效果

购彩者获取彩票信息的渠道不够通畅，过多地依靠传统的彩票信息媒介。相对珠三角地区，这种情况在非珠三角地区有过之而无不及。应结合现今信息技术的发展水平，疏通彩票信息发布渠道，缩小地区差距，改善与购彩者的沟通方式，更好地服务购彩者，达到扩大购彩者群体的目的。此外，应重视彩票的市场化运作，做好彩票的市场策划工作，尤其是要合理有效地通过促销提高彩票的销量。

参考文献

［1］广东省统计局综合处. 2015年广东国民经济和社会发展统计公报［EB/OL］.［2016-02-29］. http：//www.gdstats.gov.cn/was5/web/search.

［2］希夫曼，卡纽克. 消费者行为学［M］. 江林，译. 8版. 北京：中国人民大学出版社，2007.

［3］曾忠禄，张冬梅. 广州市彩票购买者特征实证分析［J］. 商业经济研究，2006（29）：86-87.

A Comparative Study on the Purchasing Behavior of Lottery Players between Pearl River Delta Region and Non-Pearl River Delta Region of Guangdong Province

Huang Yanbing

(Guangdong Welfare Lottery Issuing Center, Guangzhou, 510030, China)

Abstract: Through questionnaires, interviews and observation method, we studied on the purchasing behavior of lottery players from five selected cities in Pearl River Delta Region and three selected cities in Non- Pearl River Delta Region comparatively.The research found that the male to female ratio of Non- Pearl River Delta Region was significantly higher than the Pearl River Delta Region, the majority of players were workers, and Non- Pearl River Delta Region has a high proportion of lottery expenditures with some undesirable and unhealthy purchasing behavior.In addition, the lottery expenditures, information channels for lottery and the action to choose betting site are regional difference.Results of this study will be to perfect the management of lottery, lottery in developing targeted marketing policies to provide scientific basis.

Key words: Lottery Player, Purchasing Behavior, Pearl River Delta Region, Non-Pearl River Delta Region

广州市福利彩票购彩者网络购彩行为研究

邓世献[1]　王红艺[2]　熊国卫[1]

（1.广州市福利彩票发行中心，广州，510000；
2.广东财经大学彩票研究中心，广州，501320）

摘　要： 调查发现，利用网络渠道购彩的广州市福利彩票购彩者仍以男性为主，年龄呈年轻化特征，职业结构上与传统的实体购彩人群存在差异，他们的网络购彩年限平均较短；线上调查受访者会更频繁地进行网络购彩，定期购买的比例也最高，通过网络购彩的金额也更大；他们更认可网络购彩渠道的方便性，认为网络购彩不受时间和地域限制，对购彩渠道的专业性和账户安全尤为重视。

关键词： 广州市　福利彩票　网络购彩　购彩行为

1　引言

随着互联网技术的发展、互联网+理念的推广，网络技术被越来越多的行业所应用，彩票行业亦不例外，通过网络购买彩票逐渐成为购彩者新的购彩渠道，新型的购彩方式必然引起购彩者不一样的购彩行为特征。消费者行为应该包含消费者作用于消费品的所有行为，包括获取、使用、处置消费品和在做出这些行为之前的抉择过程。对我国购彩者的网络购彩行为特征进行调查研究，有利于促进彩票事业的健康发展。

虽然自2015年3月起网络购彩暂停，但我们在此之前进行的对广州市福利彩票购彩者的网络购彩行为特征调查反映了一些值得关注的现象，对互联网技术飞速发展下的我国彩票网络销售渠道的对策制定有一定的借鉴作用。

2　研究方法和实施

2.1　研究方法

本研究运用定性研究与定量研究相结合的方法，进行二手资料的搜集和一手资料的收集，并在此基础上运用统计分析方法进行计算分析。在一手资料收集过程中，我们采用的调研方法是分层抽样调查法，按照区域和销售额两个标准分层抽取样本。调查工具以调查问卷为主、焦点小组座谈和现场访谈为辅，分实地调查和网络调查两种方式进行。

2.2　研究实施

本次问卷调查的地面调查部分共回收问卷563份，删除填写不完整问卷后得有效问卷491份，回收有效率为87.21%。线上调查共有2 182人次浏览，回收问卷1 196份，填写率为54.81%。

3　调查结果分析

3.1　受访者基本特征分析

3.1.1　性别

本次调查受访者以男性为主，其中地面调查受访者男女比例为1.7：1，而线上调查受访者男女比例为8.7：1，远高于地面调查比例。这在一定程度上说明，在网络购彩的网民中，男性占了绝大多数。

3.1.2　年龄

由图1可知，40岁以下的受访者占八至九成。在地面调查中，18~30岁的购彩者占38.14%，而线上调查占56.35%，说明线上调查受访者呈现年轻化特征。这与年轻人更熟悉网络、更倾向于进行网上购物的现实相一致。

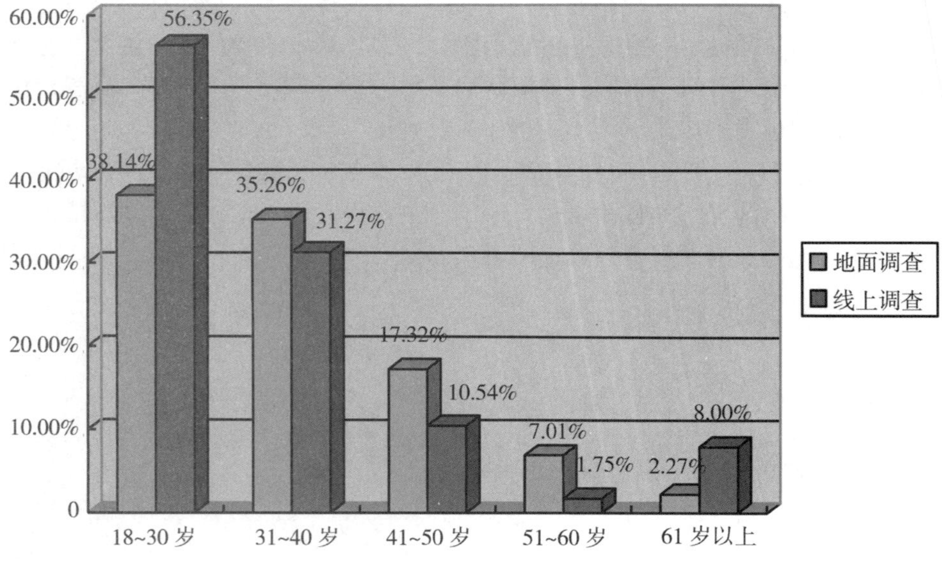

图1　受访者年龄统计图

3.1.3　学历

如图2所示，地面调查受访者接近五成拥有高中/中专学历，拥有大学/大专学历的占29.98%。而线上调查受访者中，拥有高中/中专以上学历的占了七成以上，拥有大学/大专学历的占39.8%，均高于地面调查的比例。这与经常上网和进行网上购物的人群呈现较高学历的现实相一致。进一步的交叉分析也表明，拥有大学/大专学历、只通过网络购买或者主要通过网络购买的受访者比例是最高的，分别为42.21%和45.22%。

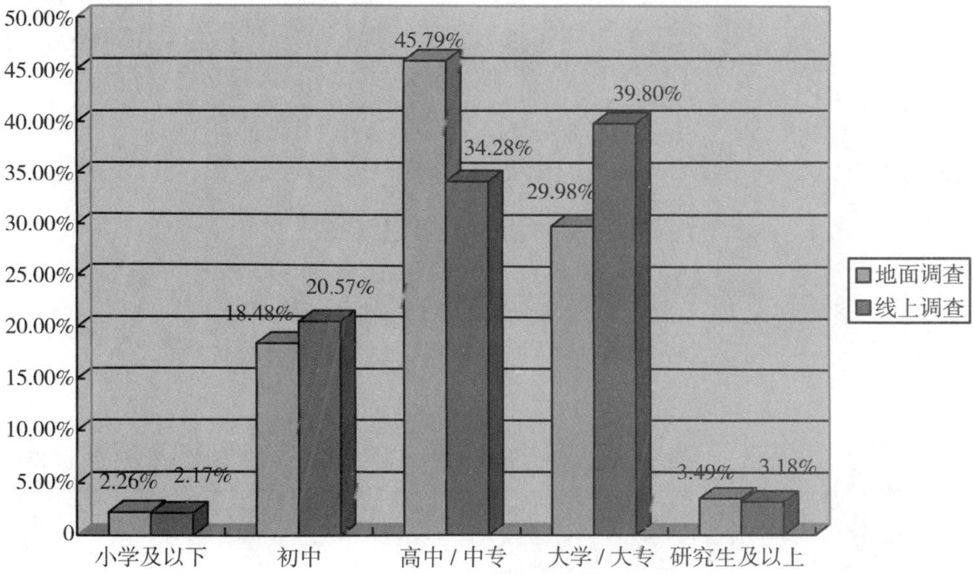

图2　受访者学历统计图

3.1.4　职业

由图3可知，网络购彩者在职业结构上与传统的实体购彩者存在差异。地面调查以外来务工人员及本市工人为主，分别占28.87%和25.77%，远高于其他职业的比例。在线上调查中，外来务工人员所占的比例最多，为20.74%；本市工人所占比例也较低，为4.13%。但与地面调查稍有差异的是，公司职员与个体经营者的比例明显提高，分别为17.64%和13.71%。这从一个侧面说明网络购彩者在职业结构上与传统的实体购彩者存在差异，一些公司白领可能比较少在投注站购彩，但有可能通过网络购彩。

3.2　行为特征分析

3.2.1　网络购彩年限

调查发现，地面调查受访者的购彩年限以2年和7年的比例最高；其次是3年、4年、5年和1年，都在10%左右；多数受访者购彩年限在3年及以下，占41.97%；4~7年的占46.21%；而7年以上的占少数，只为8.03%，如图4所示。

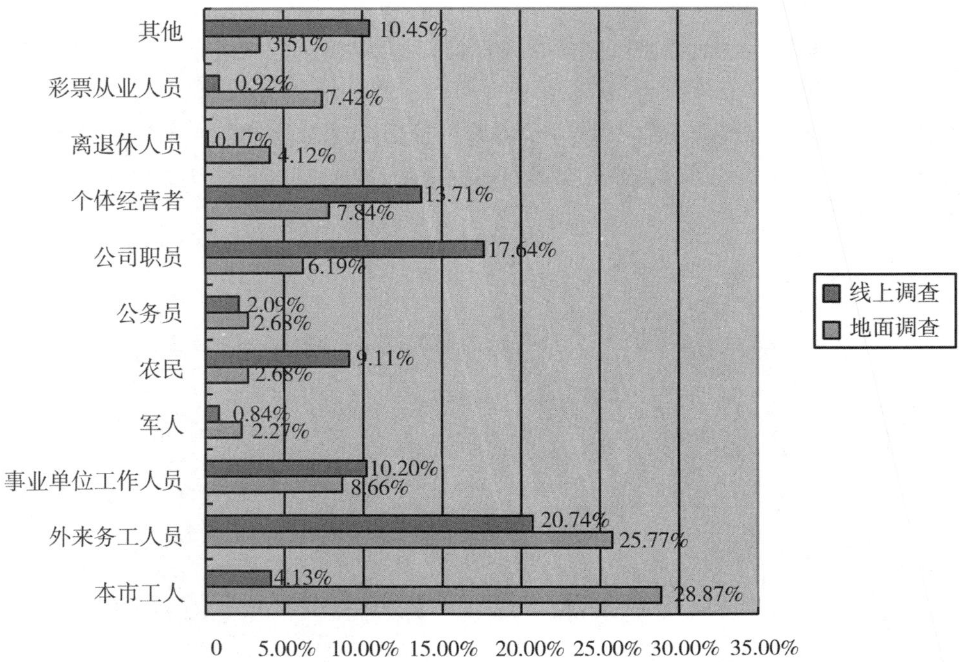

图3 受访者职业统计图

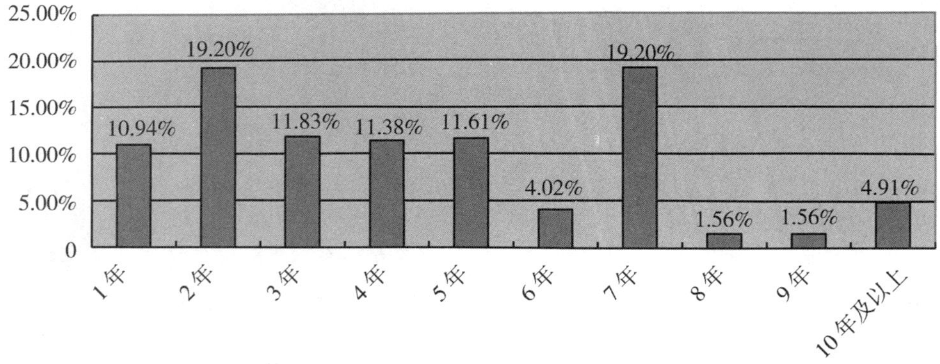

图4 地面调查购买彩票年限占比统计图

线上调查受访者购彩年限在10年以上的占了很大比例，为20.75%；购彩年限较短，仅为一两年的也占了一定的比例，分别为17.36%和12.19%。这说明线上调查的受访者既有老购彩者，也有新购彩者，样本分布较广。

此外，地面调查还发现，人们的网络购彩年限普遍不长，3年以下的占86.59%，这与网络购彩方式的发展年限不长紧密相关，但也有少部分人网络购彩年限在3年及以上。而线上调查受访者的网络购彩年限为3年以下的也是大多数，达75.7%，与网络购彩方式本身出现时间不久的现实相一致。

3.2.2　吸引购买彩票的网站

调查分析发现，接近六成地面调查受访者选择专门的彩票网站购买彩票，占58.26%；其次是大的门户网站，占17.39%；接下来是人气旺的网上商城，占13.04%；社交网站的比例则较低。而线上调查结果显示，专门的彩票网站、大的门户网站、人气旺的网上商城所占的比例较高，分别为84.34%、27.94%、16.93%。由此可以看出，线上调查受访者更倾向于在专门的彩票网站购彩，如图5所示。

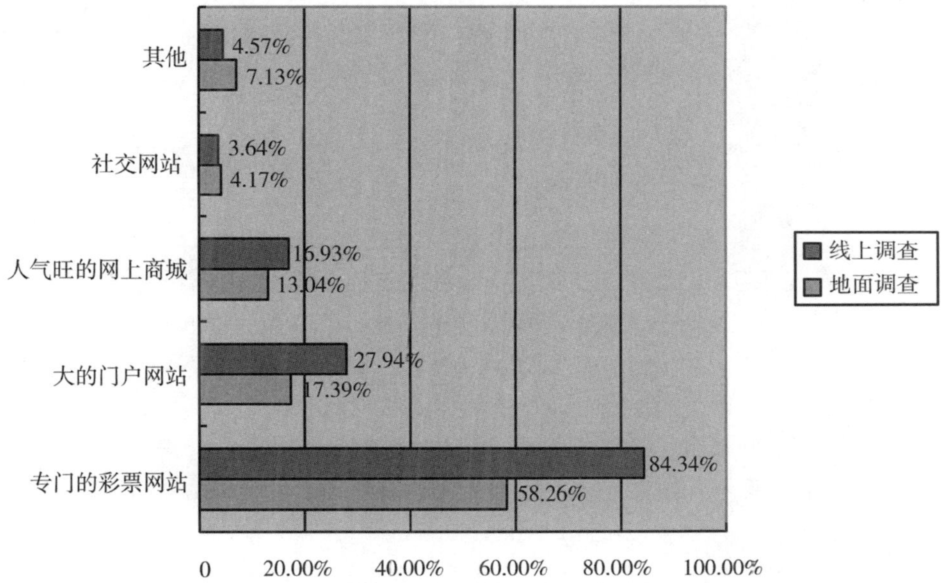

图5　吸引购买彩票的网站占比统计图

3.2.3　每周网络购彩频率

由图6可知，在地面调查中，五成多受访者每周网络购彩次数为0，不是经常在网上购买彩票；1~3次的占30.88%；3次以上的占12.26%。而在线上调查受访者中，每周网络购彩次数3次以上的占72.65%，其中6次以上的占37.76%，远远高于地面调查的受访者。

此外，通过交叉分析可以发现，只通过网络购彩的人群每周网络购彩次数在6次以上的高达42.21%，主要通过网络购彩的人群每周网络购彩次数在6次以上的达44.47%，说明那些主要采用网络购彩方式购买彩票的人，其网络购彩的频率也较高，这可能与网络购彩更加方便有关。

3.2.4　每月网络购彩金额

由图7可知，在地面调查受访者中，过半人数每月通过网络购彩的金额为零，2~100元的占20.72%，300元以上的只占10.14%，说明网络购彩还未被多数人所接受。而线上调查受访者中每月通过网络购彩的金额，2~100元的为46.82%，

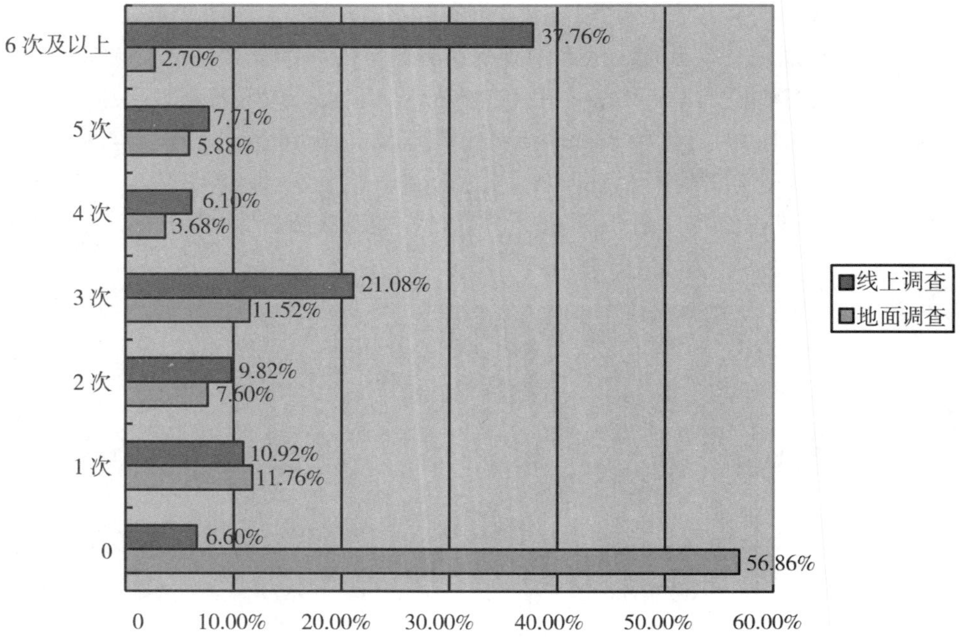

图6　每周网络购彩频率占比统计图

300元以上的占24.64%，较地面调查中受访者的比例有显著提高，少数人每月通过网络购彩的金额甚至达到1 000元以上。这再次说明线上调查受访者与地面调查受访者样本本身具有差异，线上调查受访者更多且更大金额地通过网络购彩。

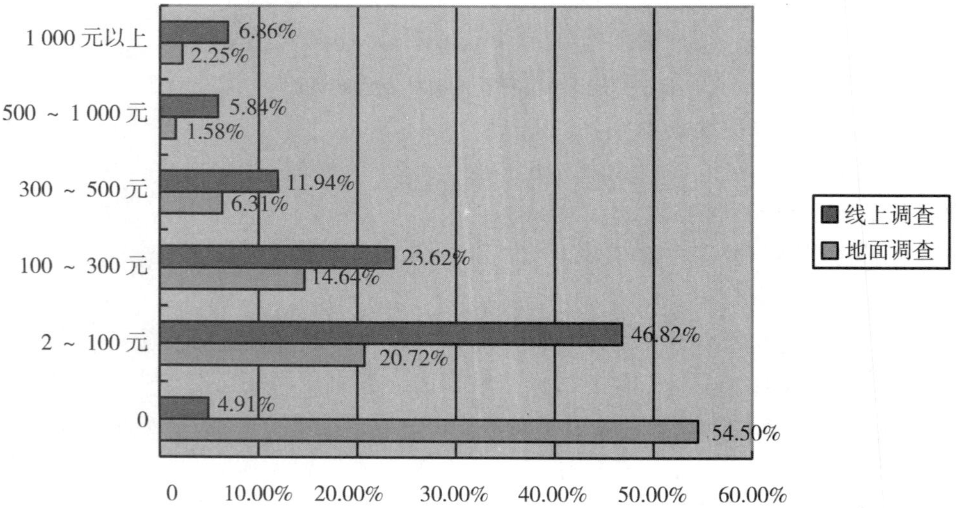

图7　每月网络购彩金额占比统计图

通过交叉分析发现，线上调查受访者各收入水平群体中，月购彩金额在100元以下的比例是最高的（31.33%~58.48%）。月收入在6 000元以上的高收入人群中，月购彩金额在1 000元以上的比例相对较高（6 000~8 000元的比例为13.25%，8 000元以上的比例为14.81%）。总体来看，购彩金额与月收入水平相匹配，表现相对理性，详见表1。

表1　**月收入与每月网络购彩金额交叉分析表（%）**

月收入＼每月网络购彩金额	0	2~100元	100~300元	300~500元	500~1 000元	1 000元以上	小计
2 000元以下	8.19	58.48	15.79	7.02	3.51	6.43	14.30
2 000~4 000元	2.84	49.82	13.48	13.48	4.79	3.55	47.16
4 000~6 000元	5.19	38.52	12.96	12.96	7.04	8.52	22.58
6 000~8 000元	4.82	31.33	10.84	10.84	10.84	13.25	6.94
8 000元以上	9.26	38.89	8.33	8.33	7.41	14.81	9.03
小计	4.91	46.82	11.94	11.94	5.84	6.86	100

3.2.5　网络购彩时机

调查发现，地面调查受访者在受到外界因素刺激时才会在网上购买彩票，如彩票发行机构有促销、奖池金额很高、有重要的赛事或活动，三者总比例达61.1%；而在网上购物时顺便买、节假日消遣和定期购买的比例则相对低，总比例为29.13%。可见，要使这些人在网上购买彩票，主要还是靠营销活动的推动。

而线上调查受访者自己会定期买的比例相当高，占53.26%；受外界刺激影响（包括彩票发行机构有促销、奖池金额很高、有重要的赛事或活动）的比例为41.07%，低于地面调查的比例。这也在一定程度上说明主要进行网络购彩的这部分人可能更具理性和计划性，而较少进行冲动购彩，如图8所示。

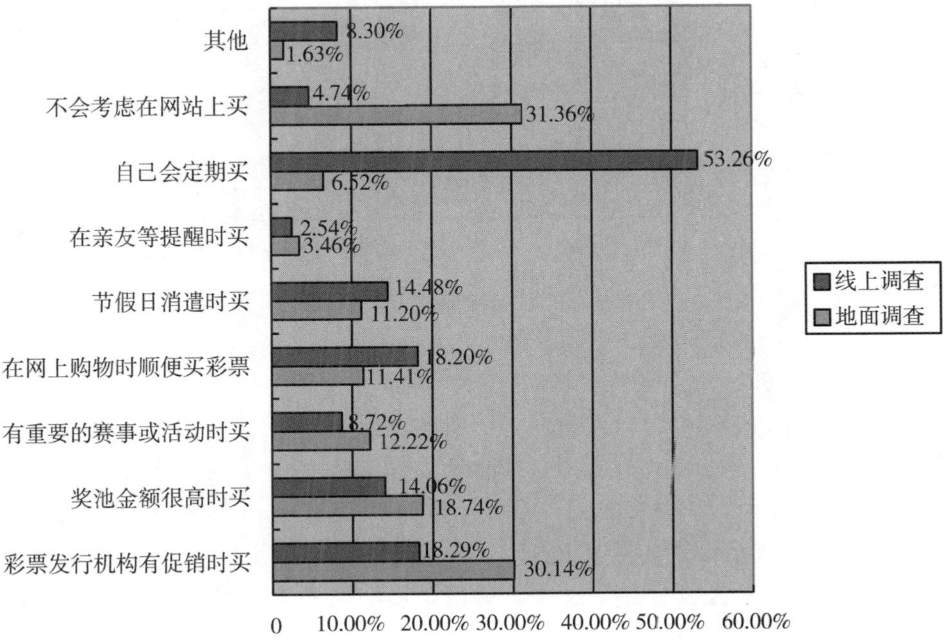

图8　网上购买彩票的时机占比统计图

3.2.6 网络购彩的好处

如图9所示，近六成地面调查受访者看重网络购彩的购买方便；其次是网络购彩不受时间限制、领奖方便、不受空间限制和更符合现代人生活方式，分别占比32.59%、22.81%、18.53%和16.7%；而保密性和信息丰富还不为多数人所看重。而线上调查受访者认为，网络购彩的好处首先在于购买方便，占90.43%；其次是领奖方便（54.36%）、不受时间限制（52.41%）、不受空间限制（38.19%）、更符合现代人生活方式（34.72%）。通过具体比例的比较可以看出，相对于地面调查受访者，线上调查受访者对网络购彩的评价更高。这可能与其更加熟悉网络、网络购物以及购彩经验更加丰富有关。

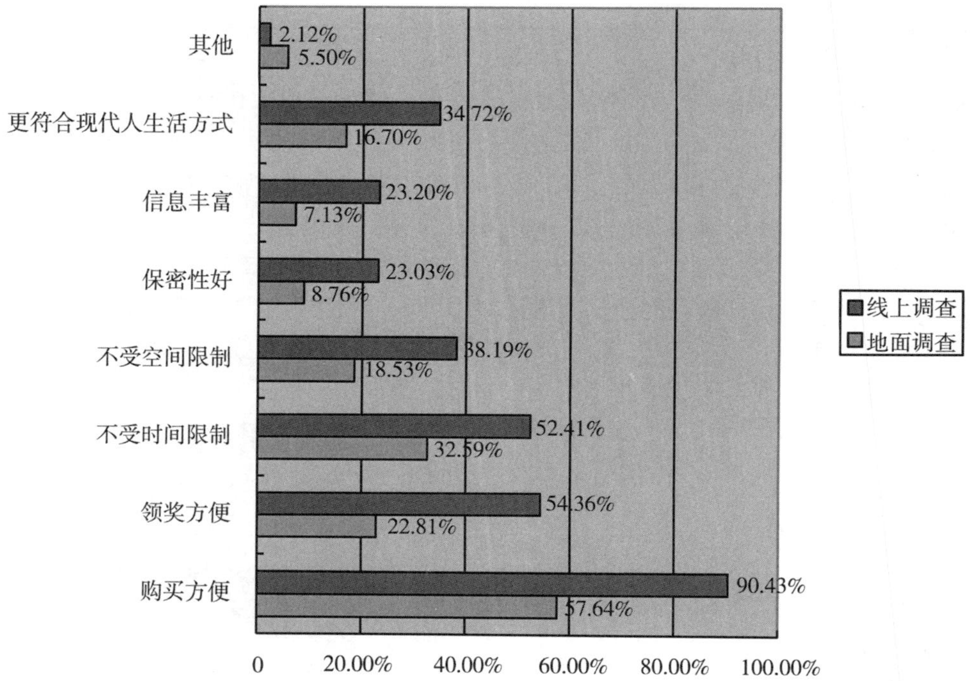

图9 网络购彩的好处占比统计图

3.2.7 影响网络购彩的重要因素

由图10可知，地面调查受访者中，近六成注重网络购彩的账户安全，其次是购彩方便（占36.25%），注重领奖方便的占25.25%、无手续费的占18.13%、专业信息服务的占10.59%。而线上调查受访者认为，影响网络购彩的最重要的因素是账户安全，占85.86%；其次分别为领奖方便（68.84%）、购彩方便（61.98%）；再次是无手续费（36.41%）、专业信息服务（23.88%）、购彩者交流平台（20.41%）。这说明安全性、便利性是影响购彩者网络购彩的两大重要因素，其次才是成本、服务和互动等。

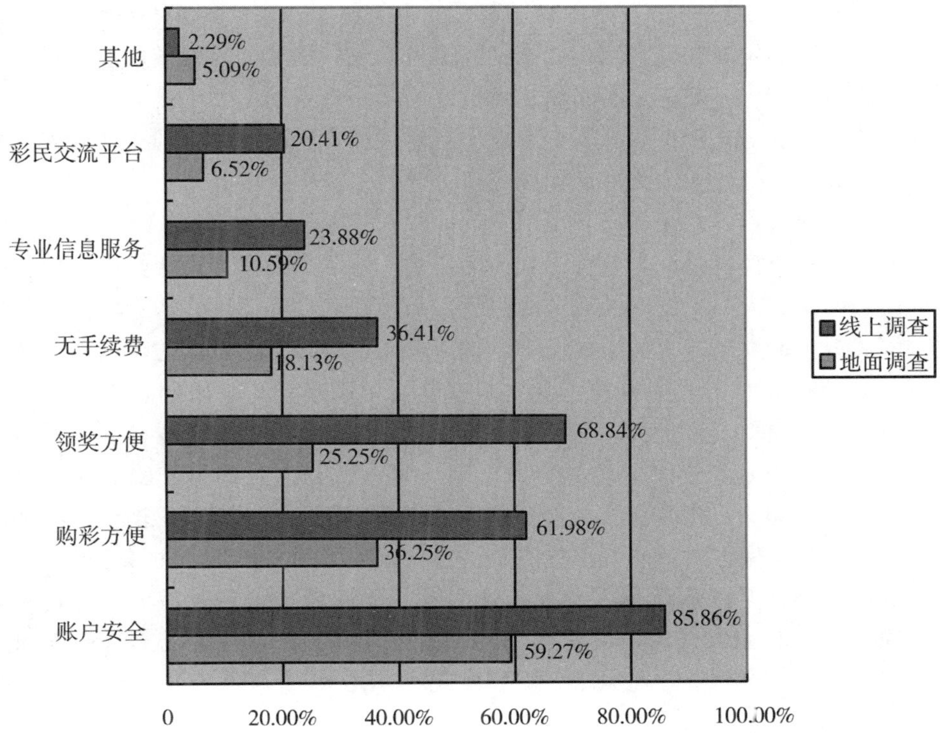

图10　网络购彩的重要因素占比统计图

4　结论及建议

4.1　结论

4.1.1　受访者的人口特征

网络购彩者以男性为主，线上调查受访者呈现年轻化特征，这与年轻人更熟悉网络、更倾向于网上购物的现实相一致。网络购彩人群在职业结构上与传统的实体购彩人群存在差异，公司职员与个体经营者的比例明显提高，大学/大专学历只通过网络购买或者主要通过网络购买的比例较高，这与经常上网和进行网上购物的人群呈现较高学历的现实相一致。

4.1.2　网络购彩行为特征

受访者的网络购彩年限较短，3年以下的占了八成左右。线上调查受访者更频繁地进行网络购彩，只通过网络购彩和主要通过网络购彩的人群每周网络购彩次数在6次以上的分别高达四成以上，而地面调查受访者中五成以上表示每周网络购彩频率为0，这在一定程度上说明目前投注站购彩者受网络冲击和分流尚不显著；线上调查受访者更多且更大金额地通过网络购彩，较地面调查受访者的比例有显著提高，少数人每月通过网络购彩的金额甚至达到1 000元以上。线上调查受访者自己会定期购买的比例相当高，占近六成；而受外界刺激影响（包括彩票发行机构有促销、奖池金额很高、有重要的赛事或活动）的比例为四成，低于地面调查为六成的比例。这在一定程度上说明主要进行网络购彩的这部分人可能更具理性和计划性，较少因冲动而购彩。

4.1.3 网络购彩的认知

购彩者对彩票网站的专业性有较高的需求，专门的彩票网站最具吸引力，而大的门户网站、人气旺的网上商城吸引力反而排在其后面。网络购彩的好处首先在于购买方便，六成以上的地面调查受访者和九成的线上调查受访者均认为网络购彩的好处首先在于购买方便，其次是领奖方便、不受时间限制、不受空间限制、更符合现代人生活方式。相对于地面调查受访者，线上调查受访者对网络购彩的评价更高，这可能与其更加熟悉网络、网络购物以及购彩经验更加丰富有关。影响网络购彩最重要的因素是账户安全，八成以上的线上调查受访者认为，账户安全是影响网络购彩的最重要因素；其次分别为领奖方便和购彩方便，分别占六成多；再次是无手续费、专业信息服务、购彩者交流平台等。这说明安全性、便利性是影响购彩者网络购彩的两大重要因素，然后才是成本、服务和互动等。

4.2 建议

4.2.1 研究、熟悉新购彩者群体，进行有针对性的促销活动

我们在调研中发现，选择网络渠道购彩的购彩者群体与传统投注站购彩者群体有一定差异，如在职业方面，公司职员或个体经营者更偏向于利用网络渠道购彩，此外这个群体具有年轻、学历较高及收入水平较高的特点，对新事物的接受比较快。对于这部分购彩者，要研究、熟悉其购买行为及网络行为，并进行有针对性的促销活动，使其逐渐转向网络购彩与地面购彩相结合。

4.2.2 开展线上线下促销活动整合，对新购彩者群体加以引导

在调查中我们发现，一些网络购彩渠道也经常进行一定规模的促销活动，如注册送彩票、会员消费积分兑换礼品、公益捐赠助学活动、网络购彩中奖经验分享等。这些活动借鉴了传统的促销方式，对于投注站的促销活动会产生较大的影响，因此有必要熟悉网络购彩的促销活动，追踪其促销时间、方式及效果，评估其影响。广州市福彩中心也应结合自身的网站和投注站，设计线上线下的促销活动，整合各种促销资源，既迎合老购彩者也引导网络购彩者，以取得协同效应。

参考文献

[1] 符国群. 消费者行为学 [M]. 北京：机械工业出版社，2009.
[2] 林曦，陈泽秀，蔡启菁. 广州福彩夺得“三连冠”[N]. 羊城晚报，2016-01-30.

Survey on Network Purchase Behavior about Welfare Lottery in Guangzhou

Deng Shixian[1] Wang Hongyi[2] Xiong Guowei[1]

(1.Welfare Lottery Distribution Center in Guangzhou, Guangzhou, 510000, China.
2. Lottery Research Center of Guangdong University of Finance and Economics, Guangzhou, 510320, China)

Abstract: The survey found that welfare lottery players using network in Guangzhou is still male-dominated. They are younger, and there are also differences between traditional entity lottery crowds on the occupational structure. The average age of buying lottery by the Internet is short. The respondents surveyed online are more frequently buying lottery by the Internet, and the proportion of regular purchases is the highest, the amount spent is the largest. They recognized the convenience of buying lottery through the network channels, without time and geographical limitation, and attached importance to the professionalism and account security of network channels.

Key Words: Guangzhou City, Welfare Lottery, Network Lottery, Lottery Purchase Behavior

台湾民众责任博彩认知之研究

刘代洋

（台湾科技大学财务金融研究所、台湾彩券与博彩研究中心，台北）

摘　要： 本文主要探讨台湾彩票发行的责任博彩措施。台湾彩票作为世界彩票社群的一份子，符合国际彩票的规范，包括责任博彩措施在内。本文除了解台湾购买彩票人群对责任博彩的认知外，也探讨彩票发行机构在责任博彩方面所实行的措施。一方面检视台湾彩票发行责任博彩措施的优劣，另一方面将其作为与国际接轨和与各国交流的基础。

关键词： 台湾　彩券　社会责任

1　前言

台湾的彩票产业从发行爱国奖券开始，历经1990年台北市政府发行刮刮乐爱心彩票、1999年台湾银行发行二合一彩票、2002年台北富邦银行发行计算机彩票、2006年中国信托商业银行发行公益彩票、2008年5月台北富邦银行发行运动彩票，以及2014年中国信托商业银行成为为期10年的公益彩票发行机构、威刚科技成为运动彩票发行机构。上述各项活动，一方面带来了相当可观的发行盈余，增加了政府财政收入；另一方面创造了数以万计的就业机会。

2012年公益彩票实际销售额达1 095亿元新台币，2013年高达1 234亿元新台币，为历年来彩票销售高峰；2007—2013年共创造盈余约1 920亿元新台币，外加中国信托商业银行的146亿元新台币、中奖人捐赠的28.5亿元新台币，这些钱照顾了超过310万人次的弱势族群。由于2014年中国信托商业银行成为为期10年的公益彩票发行机构、威刚科技公司成为运动彩票发行机构，2015年公益彩票销售额达1 362亿元新台币，运动彩票销售额达282亿元新台币，两者的发行均创佳绩。

责任博彩近年来逐渐受到世界开放博彩产业的国家与地区的重视，它们纷纷提出具体的措施以降低社会成本。世界彩票协会提出责任博彩的7原则及落实责任博彩工作纲要应包括的责任博彩10要素，我们对其进行简要说明，见表1和图1。

表1 **责任博彩7原则**

序号	原则
1	采取适当措施以保护消费者与易成瘾族群
2	采取的措施与程序要符合当地法规
3	尽可能了解且应用责任博弈的相关研究资料
4	与利益关系人共享信息且尽可能地推广责任博弈
5	促进合法且能节制投注的产品设计与营销活动
6	确保消费者在获得充分信息的情况下知悉投注风险
7	监督与精进责任博弈措施，并让社会大众周知

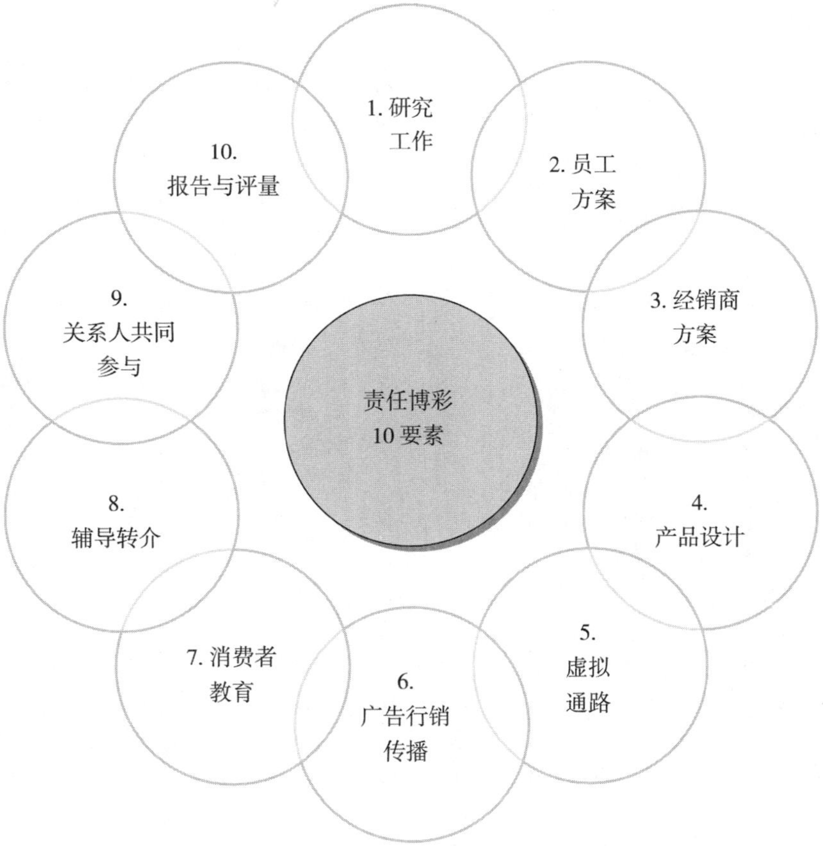

图1　责任博彩10要素

世界各国或地区（英国、澳大利亚、美国、新加坡、中国香港及中国澳门等）在责任博彩政策的制定上，主要基于“消费者保护”与“强化大众对问题赌博的重视”。刘代洋（2012，2014）分别对中国台湾、英国、新加坡、中国香港、澳大利亚、西班牙，以及日本之彩票发行机构对于责任博彩所采取的各项措施进行了整理，见表2。

表2 **各国或地区彩票发行机构对责任博彩实行措施之汇总表**

		中国台湾	英国	新加坡	中国香港	澳大利亚	西班牙	日本
责任博彩措施	游戏设计	N/A	运用两种方式：GAM-GARD 和 The Game Design Protocol (GDP)，以评估游戏设计时间所构成之潜在风险	(1) 售价设计为低价，让消费者小额投注。(2) 游戏内容之图形和语言皆无侵略性	N/A	N/A	在市场销售之前，所有游戏皆会受到评估，并使用结构化工具以分析游戏的风险程度	N/A
	投注限制	投注站张贴投注不得过量之警告标语	(1) 实体销售通路：没有明确限制，但鼓励消费者参与各种游戏，少量投注。(2) 网络系统下注：设定每日下注不得超过75次；每周最高投注金额为350英镑；消费者亦可自行设定每日投注次数与每周投注金额上限	N/A	对消费者的下注管制倾向于不实施严格的管控	N/A	N/A	N/A
	中奖奖金上限	(1) 立即型彩票：固定制。(2) 计算机型彩票：头奖为累积奖金制	N/A	适度的累积奖金，约1 000万新加坡元彩票投注	无上限	N/A	N/A	彩票中奖奖金或奖品价格总额不得超过销售总额的五成；中奖奖金最高或奖品价格不得超过彩票金额的20万倍

续表

		中国台湾	英国	新加坡	中国香港	澳大利亚	西班牙	日本
责任博彩措施	广告促销之规范	(1)对消费者有广告真实义务。(2)各种彩票之中奖机率应据实公布	国家彩票的发行必须遵守《英国广播电视广告准则》与《英国非广播电视广告、促销和直销准则》	(1)制定一套有关责任博彩、营销与促销的行为准则，包含广告和面对面销售时的用字遣词、语调以及方式等。(2)所有广告宣传，不论是纸本还是电子类型，都会清楚、明显地摆上"Play Responsibly"的标语	投注站、服务处、网站、宣传品皆明确标示有关责任博彩的相关信息	确保广告符合澳大利亚全国广告商协会（Australian Association of National Advertisers, AANA）要求的广告商道德守则	受到严格规范，必须符合自律守则，以确保广告营销方式不提供误导性的信息，且不鼓励未成年人赌博与过度投注	N/A
	限制未成年人投注之规定	(1)不得发售公益彩票或支付奖金予未满18岁者。(2)固定销售处所营业之经销商，出入口标示未满18岁不得购买或兑领彩票。(3)官方网站下方有未满18岁不得购买及兑领彩票之讯息	(1)禁止贩卖彩票给未成年人，禁止提供奖金兑换给未成年人。在销售点、网站上皆有明确的标示禁止贩卖彩票给未成年人。(2)提供员工训练，强调不能贩卖彩票给未满16岁青少年。(3)提供检举热线，遭到检举的店家会受到Camelot安全团队的调查	零售商可要求检查年龄，拒绝18岁以下未成年人投注	(1)在各个投注站及赛马场均实施严格的入场管制，以禁止未满18岁之青少年参与赌博。(2)消费者在申请网络投注账户时，必须提供年龄证明，以避免未成年人使用网络下注	所有认可经销点皆贴出告示禁止未满18岁人士投注，要求消费者提供年龄证明	(1)在销售点明确标示年龄限制。(2)未成年人观看的媒体不得进行彩票营销。(3)彩票营销不得有吸引未成年人的符号或语言，如动画使用审查，以确保不与儿童节目中的动画角色有关联	N/A

续表

		中国台湾	英国	新加坡	中国香港	澳大利亚	西班牙	日本
责任博彩措施	消费者彩票购买行为调查	委托民间市调公司调查头彩累积金额与消费者购买之相关性，以及消费者中奖后再次购买的金额等	每年皆会对投注情形等流行方式做追踪调查	委托新加坡小区发展、青年与体育部每3年做一次调查	委托外部调查，政府成立平和基金，资助对赌博有关及衍生的问题进行调查研究	N/A	鼓励研究与沉迷赌博相关之问题	N/A
	消费者兑奖权益	(1)中奖者应于兑奖之日起3个月内领奖，逾期未领者视为放弃领奖权利；中奖奖金应一次给付，但超过主管机关所规定之金额的，得分期给付。(2)中奖之公益彩票因火熏、水浸、油渍、涂染、破损或其他情形，致使不能辨认真伪者，不予兑奖。对高额中奖者，提供理财投资、回馈社会等金融专业规划与建议	(1)中奖金额50 000英镑以上的，需亲自到国家彩票区域中心办理，以支票支付奖金，Comelot提供财务咨询服务。(2)彩票遗失或被窃，消费者提出申请后，Comelot进行调查	(1)开奖日后180天内领奖。(2)中奖金额5 000新加坡元以上的必须亲自至总部领取	(1)开奖日后60天内领奖。(2)现金投注：中奖金额100万港元以上的须至总部大楼领取；中奖金额500万港元以上的头奖或贰奖须致电登记。(3)投注账户投注（六合彩固定投注指示除外）：中奖金额500万港元以上的头奖或贰奖须致电登记。六合彩固定投注指示：不论中奖金额多寡皆自动派彩	(1)开奖日后12个月内领取，若是立即型彩票则须于发彩票局行最后一张彩票后的12个月内领取。(2)头奖必须于办公时间到彩票局领取	(1)中奖金额100欧元以上的须亲自到ONCE各合作银行核对身份才能兑奖。(2)为避免彩票被偷或遗失造成损失，ONCE建议消费者在购买彩票后于背后签名；若确定彩票遗失或被窃，消费者可向ONCE提出申请，ONCE便立即注销该彩票	中奖奖金1 000万日元以上者，发行银行提供财富管理咨询服务

续表

		中国台湾	英国	新加坡	中国香港	澳大利亚	西班牙	日本
责任博彩措施	责任博彩相关信息之提供	（1）通过文宣与官网传递彩票玩法与投注相关注意事项。（2）通过投注站张贴未满18岁不得投注、投注不得过量之警告标语	（1）在销售点发放有关责任博彩的海报、贴纸。（2）Camelot官网提供关于责任博彩的信息	（1）提供明确的游戏规则，附有英语及中文产品说明书，包括玩法、价格、赔率及奖金，以及如何负责任地投注。（2）在各分公司和零售点的电视屏幕上提供赔率信息。（3）将相关责任博彩广宣突显在所有印刷品和电子宣传材料上。（4）采取教育措施，提高客户责任博彩意识	（1）香港马会官网有节制博彩专区。（2）所有投注处均有展示海报，提醒民众过度赌博的危险性，并给予有节制博彩的指引。（3）所有服务处均摆放数据单张，详细列出问题赌博的征兆及后果	（1）向消费者提供问题赌博信息和教育、提供辅导咨询服务。（2）所有零售商店皆张贴责任博彩告示	（1）在销售点发放小册子，定期向消费者报告责任博彩相关信息。（2）ONCE每年出版责任博彩手册，内容包括责任博彩活动以及所采取的措施	N/A
	其他	目前尚没有问题赌博之专责机构	（1）每年培训员工，提供责任博彩信息；对销售点的员工提供额外的训练。（2）防止在线投注成瘾对策：消费者登录在线投注系统后，系统会计算浏览时间并显示在网页右上方。若消费者想暂时或永久冻结自己的在线账号，可联络National Lottery Customer Care Team，最短的冻结期限为6个月	（1）针对发行机构之员工，每年举办关于责任博彩之讲习，必要时协助其处理责任博彩相关事宜。（2）每年举办责任博彩娱乐活动，教育员工、合作伙伴与消费者关于责任博彩之相关概念。Singapore Pools与NCPG官网皆提供热线供消费者咨询	（1）所有投注站一线员工皆需接受培训，以适当应对消费者问题赌博与治疗辅导等，还要不定期举行复习训练与警觉性训练。（2）不接受信贷投注。（3）有治疗辅导的服务专线。（4）防止在线投注成瘾对策为网络投注账户，限制消费者的下注次数，避免沉迷赌博的人频繁、快速地重复下注	（1）所有顾客服务代表及零售商皆会获得关于节制博彩与顾客隐私权之培训，博彩公司管理团队成员每年最少参加4次与博彩援助服务人员的会谈，促进公司职员对节制博彩事宜与服务事宜的认识。（2）提供顾客服务中心电话号码与顾客投诉表，让消费者参与处理争端。不接受信贷投注	（1）对与消费者直接接触的员工进行定期培训，让员工了解责任博彩计划，禁止销售给未成年人彩票，消费者不得用信用贷款购买彩票。（2）提供专线电话协助治疗问题赌博	N/A

续表

		中国台湾	英国	新加坡	中国香港	澳大利亚	西班牙	日本
责任博彩以外其他消费者购买彩票之权益保障	消费者个人资料之保护	(1)因职务或业务知悉公益彩票中奖人姓名、地址等数据者，除其他法律另有规定外，应严守秘密。(2)为保障中奖人的隐私及安全，凡中奖超过500万元新台币以上的彩金，提供中奖者预约领奖服务	发行机构保护中奖者之隐私。中奖者可自由决定是否公开。在线投注系统有专门的团队运用最新科技，以保障消费者的信息	N/A	N/A	赌客隐私机制	ONCE保障中奖人之隐私	N/A
	公益彩票之公信力	目前尚未设置彩票专责机构	专责主管机关为英国国家彩票委员会	博彩事业由新加坡财政部辖下的博彩管理局(Tote Board)负责	民政事务局为掌管博弈及彩票业务之主管机关，负责制定赌博政策，并监督政策的实施情况	各辖区皆有一专责机构，如西澳为西澳彩票局	ONCE为一独立机构，但受到财政部、内政部、劳工部、社会事业部的监督	管机关为总务省
	开奖流程之公正性	开奖前查验、测试开奖设备后进行开奖程序。开奖过程全程均由公正人士见证，全程录像存证，并通过电视台现场实况转播与影音网站同步直播。开奖后，由公正人士现场验证，确保数据无误后对外公布	每次开奖现场皆有独立稽核单位监看。另请国家彩票委员会负责审核开奖程序、定期参与开奖，每月稽查两家独立稽核单位	N/A	电视台直播开奖过程	N/A	开奖场所设于电视台内，每天都开奖，采取直播方式，开奖时现场由公正人士在场监督	开奖现场有两位公正人士担任证人，其中一人为瑞穗银行代表，另一人为彩票协会代表，民众可自由参加

续表

		中国台湾	英国	新加坡	中国香港	澳大利亚	西班牙	日本
责任博彩以外其他消费者购买彩票之权益保障	未兑领奖金	逾期未领者视为放弃领奖权利，一律不再发给；逾期未领奖金全数归入公益彩票盈余	N/A	由彩票公司自由决定如何处置	由彩票公司自由决定如何处置	作为小区补助金	N/A	N/A
	中奖奖金之课税金额	中奖奖金每联（组、注）奖额不超过2 000元新台币者，免予扣缴；每联（组、注）奖额超过2 000元新台币者，按给付全额扣取20%，同时采取分离课税，不再计入综合所得总额申报课税	彩票销售金额已包含彩票税，因此中奖奖金不另外课税	中奖奖金不课税	中奖奖金不课税	中奖奖金不课税	盲人组织彩票中奖奖金不课税	中奖奖金不课税，但会收取兑奖手续费
	其他	瑕疵担保责任：彩票本身的印制及中奖后的兑奖事宜均对消费者负责。对于彩票本身的印制，需清楚标示该期的主题、售价、彩票特色、游戏刮区、玩法说明及彩票编号、兑奖截止日、注意事项、服务电话、中奖人数据填写处、彩票条形码等	N/A	N/A	N/A	提供消费者申诉机构	N/A	N/A

台湾彩票作为国际彩票事业的重要成员之一，在责任博彩方面亦必须与时俱进，世界许多国家有关责任博彩的具体执行策略与做法均值得借鉴。英国国家博弈委员会通过英国全国社会研究中心与许多知名博弈学者合作，先后于2000年、2007年和2010年进行英国民众博弈参与现况调查，调查具有下列几项目的：一是针对所有彩票衡量民众参与的程度；二是估计彩票可能出现问题赌博的现况；三是调查与彩票和可能出现问题赌博相关的人口变量；四是了解民众对彩票的态度。

此项英国民众博弈参与现况调查为政府相关单位的政策运用以及处理相关彩票等博弈决策之议题提供了参考，同时为产业界有关机构提供了重要信息。简单来说，通过此项调查，人们可以了解出现问题赌博的原因，也可以加深对许多相关议题的了解，包括民众购买彩票的行为和民众对购买彩票所持态度。本文之研究目的主要为：

第一，通过消费者的购买经验了解目前消费者购买彩票时是否有过度投注之行为，并通过消费者的购买经验调查消费者对责任博彩的认知与建议。

第二，通过消费者购买彩票行为及消费者对责任博彩的想法的调查，明确责任博彩的意义，培养企业承担社会责任的积极态度。

本研究所采用的问卷调查之具体实施如下：

第一，委托年代电视台民意调查研究中心，针对台湾地区年满18岁民众，以电话访问之方式做调查，调查时间从2014年8月6日至8月13日，总计1 072个样本。抽样误差为信赖水平在95%时，1 072个样本误差的理论值及最大值为正负3.0%。在抽样方法的使用上，采用分层随机抽样法，以县市为分层单位，并以住宅电话号码簿为抽样底册，建立电话号码数据库。为使未登记的住宅电话亦有相同的机率被抽中，每个被抽出的电话号码采用后两码随机方式，加大涵盖率，以确保所抽出的样本更具代表性。

第二，CATI作业：年代电视台民意调查研究中心拥有台湾地区最先进的计算机辅助电话调查系统（CATI系统），50台个人计算机配合50条电话线，以最先进的操作系统为架构，由计算机随机抽样、自动拨号，问卷于计算机屏幕中显示，访员以鼠标勾选答案，CATI自动将访问结果实时写入数据库，不需再由人工编码、键入数据，避免人为错误。在访问过程中，亦可同时进行在线数据分析，可迅速且正确得知调查结果。

第三，问卷调查内容重点：公益彩票责任博彩认知；运动彩票责任博彩认知。

第四，资料分析：资料分析采用SPSS 10.1，包括各题百分比、交叉分析及卡方关联性检定。

2 台湾民众责任博彩认知调查结果分析

2.1 问卷调查结果分析

调查结果显示，在1 072位受访者当中，有40.4%的受访者在“投注站海报或DM”看过关于公益彩票“请勿投注过度”和“未满18岁不得购买或兑领彩票”等宣传；其次则依序为“电视或报纸广告”，占37.0%；“公益彩票上（含计算机彩及刮刮乐）”，占24.1%；“投注单”，占17.8%；“投注站老板或店员倡导”，占15.1%；还有就是“台彩官网”，占13.6%等。另外，有38.1%的受访者“从来没看过/没有注意过”公益彩票“请勿投注过度”和“未满18岁不得购买或兑领彩票”等宣传。此题的问卷调查结果显示，民众看过关于公益彩票“请勿投注过度”和“未满18岁不得购买或兑领彩票”等宣传的比例都不高，最高也只有40.4%。在“投注站海报或DM”看过的还不到五成，而且“从来没看过/没有注意过”的高达38.1%，就是约有四成的受访者从来没看过或没注意过此类宣传，建议销售网点持续加强倡导。

表3的调查结果显示，在1 072位受访者中，有56.7%的受访者认为“校园教育推广”对于防止公益彩票“投注过度”和“未满18岁不得购买或兑领彩票”有帮助，占比最高；其次则依序为“加强销售网点对购买者‘玩亦有责’的倡导”，占54.3%；“公益演唱会或户外活动”，占53.3%；“于投注站张贴倡导海报及警语”，占52.2%；“举办座谈会，策划媒体专题报道”，占47.1%；“在投注单与彩票上倡导‘玩亦有责’”，占46.6%；“赞助视听教材制作”，占41.6%；“设立嗜赌防治项目”，占41.4%；“建立研究及辅导机构”，占40.4%；“举办讲座活动”，占34.7%；“巡回专题演讲”，占30.9%等。其中，有41.4%的受访者认为可以“设立嗜赌防治项目”。嗜赌防治项目是指由彩票机构拿出一部分经费成立基金会或机构来预防赌博等活动，中国香港成立的这种机构数目高于新加坡及中国澳门。香港特区政府在责任博彩的宣传及机构的成立方面都较其他国家或地区更为积极，此种做法值得效仿。

在运动彩票责任博彩认知方面，表4的调查结果显示，在1 072位受访者中，有61.3%的受访者认为“校园教育推广”对于防止运动彩票“投注过度”和“未满18岁不得购买或兑领彩票”有帮助，占比最高；其次则依序为“加强销售网点对购买者‘玩亦有责’的倡导”，占59.3%；“于投注站张贴倡导海报及警语”，占54.1%；“演唱会或户外活动”，占51.8%；“举办座谈会，策划媒体专题报道”，占48.8%；“设立嗜赌防治项目”，占47.9%；“在投注单与彩票上倡导‘玩亦有责’”，占46.3%；“建立研究及辅导机构”，占44.7%；“赞助视听教材制作”，占42.5%；“举办讲座活动”，占36.4%；“巡回专题演讲”，占34.2%等。统

表3 对于防止公益彩票“投注过度”和“未满18岁不得购买或兑领彩票”的效果调查

措施内容	赞成比例
校园教育推广	56.7%
加强销售网点对购买者“玩亦有责”的倡导	54.3%
公益演唱会或户外活动	53.3%
于投注站张贴倡导海报及警语	52.2%
举办座谈会，策划媒体专题报道	47.1%
在投注单与彩票上倡导“玩亦有责”	46.6%
赞助视听教材制作	41.6%
设立嗜赌防治项目	41.4%
建立研究及辅导机构	40.4%
举办讲座活动	34.7%
巡回专题演讲	30.9%
电视倡导广告	3.1%
购买时销售网点检查身份证明，确定年满18岁	2.4%
不要发行	1.5%
家庭教育推广	1.3%
销售网点卖给未成年者处以罚款或取消经营权	0.7%
对销售网点施予重罚	0.5%
入口网站倡导广告	0.5%
新闻中不要报道中奖或加码消息	0.4%
设定每人每次投注上限金额	0.4%
播放开奖节目时，屏幕上出现倡导字幕	0.2%
大众交通运输系统张贴宣传海报广告	0.2%
高额投注需出示财力证明	0.2%
减少营销宣传	0.1%
便利商店张贴宣传广告	0.1%
在广播中插播倡导广告	0.1%
减少投注站的设立	0.1%
印制宣传手册发放	0.1%
不知道	10.4%

计显示，对运动彩票责任博彩方面的倡导，可以采用上述各种做法。

表4 对于防止运动彩票“投注过度”和“禁止未成年人投注”的效果调查

措施内容	赞成比例
校园教育推广	61.3%
加强销售网点对购买者“玩亦有责”的倡导	59.3%
于投注站张贴倡导海报及警语	54.1%
演唱会或户外活动	51.8%
举办座谈会，策划媒体专题报道	48.8%
设立嗜赌防治项目	47.9%
在投注单与彩票上倡导“玩亦有责”	46.3%
建立研究及辅导机构	44.7%
赞助视听教材制作	42.5%
举办讲座活动	36.4%
巡回专题演讲	34.2%
电视倡导广告	1.8%
不要发行	1.6%
家庭教育推广	1.3%
购买时销售网点检查身份证明，确定年满20岁	1.3%
设定每人每次投注上限金额	1.1%
销售网点卖给未成年者处以罚款或取消经营权	0.8%
对销售网点施予重罚	0.4%
新闻中不要报道中奖或加码消息	0.3%
入口网站倡导广告	0.3%
减少营销宣传	0.2%
高额投注需出示财力证明	0.1%
减少贩卖品种	0.1%
明星代言	0.1%
播放开奖节目时，屏幕上出现倡导字幕	0.1%
大众交通运输系统张贴宣传海报广告	0.1%
减少投注站的设立	0.1%
不知道	10.8%

2.2 卡方检定

总样本数为1 072，其中认为对防止公益彩票“投注过度”以及“未满18岁不得购买或兑领彩票”有帮助、获得较高认同的方法包括校园教育推广、加强销售网点对购买者“玩亦有责”的倡导、公益演唱会或户外活动、于投注站张贴倡导海报及警语。可见，最主要的方法具有年轻化趋势，如校园推广、公益演唱会等；其次则是加强销售网点工作人员的道德认知。在公益彩票部分，卡方独立性检定结果显示：

第一，性别与“公益演唱会或户外活动”“举办讲座活动”高度相关，女性对这两种方法的认同比例较男性高。

第二，年龄与许多方法显著相关。其中，“加强销售网点对购买者‘玩亦有责’的倡导”“于投注站张贴倡导海报及警语”“举办座谈会，策划媒体专题报道”“设立嗜赌防治项目”等方法，18~29岁人群具有最高的认同比例，60岁以上人群的认同比例最低。而“公益演唱会或户外活动”与“建立研究及辅导机构”，虽然占据最高认同比例的依旧是18~29岁人群，但比例最低的则是30~39岁、50~59岁人群。

第三，教育程度与大多数方法显著相关。在“校园教育推广”“加强销售网点对购买者‘玩亦有责’的倡导”“公益演唱会或户外活动”“于投注站张贴倡导海报及警语”“举办座谈会，策划媒体专题报道”“在投注单与彩票上倡导‘玩亦有责’”“设立嗜赌防治项目”中，教育程度为小学及以下的人群认同比例最低，而认同比例较高的人群集中在教育程度为专科、大学/研究所。

第四，职业与“校园教育推广”“加强销售网点对购买者‘玩亦有责’的倡导”“公益演唱会或户外活动”“于投注站张贴倡导海报及警语”“在投注单与彩票上倡导‘玩亦有责’”“设立嗜赌防治项目”“建立研究及辅导机构”等方法显著相关。关于“校园教育推广”方法，教职人员占最高的认同比例，而农林渔牧业人员则认同比例最低。关于“加强销售网点对购买者‘玩亦有责’的倡导”方法，公务人员有较高的认同比例，同样，农林渔牧业人员认同比例仍然最低。关于“公益演唱会或户外活动”方法，学生有较高的认同度，而无业人员、待业人员、退休人员、教职人员、农林渔牧业人员的认同度偏低。关于“于投注站张贴倡导海报及警语”方法，公务人员的认同度最高，而无业人员、待业人员、退休人员的认同度最低。关于“在投注单与彩票上倡导‘玩亦有责’”方法，学生的认同度较高，无业人员、待业人员、退休人员的认同度是偏低的。关于“设立嗜赌防治项目”方法，学生的认同度最高，而较不被农林渔牧业人员认同。最后，关于“建立研究及辅导机构”方法，学生是比较认同的，而军职人员以及教职人员对这个方法是较不认同的。

第五，个人月收入与“举办座谈会，策划媒体专题报道”“建立研究及辅导机构”显著相关。月收入2万~4万元新台币者对于以上两种方法比较认同，而最不认同的分别是月收入6万~8万元新台币者以及月收入8万元新台币以上者。居住区域与“设立嗜赌防治项目”显著关系。其中，居住地位于宜花东者对于此方法的认同比例明显偏低。

在运动彩票部分，卡方检定呈现如下结果：

第一，性别与运动彩票显著相关，这进一步显示男性在“运动彩票上”看到节制投注等宣传的比例高于女性。

第二，年龄与“投注站海报或DM”、“运动彩票上”、“投注单”、“运动彩票官网”和“投注站老板或店员倡导”显著相关。针对“投注站海报或DM”的宣传，20~29岁族群呈现较高的回应比例，而50~59岁、60岁以上族群的回应比例较低。而针对“运动彩票上”、“投注单”、“运动彩票官网”和“投注站老板或店员倡导”等，20~29岁以及30~39岁族群有较高的比例曾看到警语，其余族群呈现较低的比例。从以上分析可以看出，对于年轻族群，如20~29岁、30~39岁者，不论何种宣传渠道都比较容易被注意，甚至留下较深的印象。

第三，教育程度与“投注站海报或DM”、“运动彩票上”和“运动彩票官网”显著相关。其中，学历为“大学/研究所”者有较高比例表示看过三种渠道的宣传。而在“投注站海报或DM”“运动彩票上”，学历为“国中/初中”者呈现最低的比例。关于“运动彩票官网”这个渠道，则是学历为“小学及以下”者呈现最低的比例。就整体而言，教育程度较低者，如“小学及以下”“国中/初中”，对于宣传渠道的信息有印象的比例偏低。

第四，职业对于“投注站海报或DM”、“运动彩票上”、“投注单”、“运动彩票官网”和“投注站老板或店员倡导”显著相关。针对“投注站海报或DM”，职业为“学生”者呈现较高的比例，高达44.2%；而职业为“无业、待业、退休”者呈现最低的比例，仅为12.7%；职业为“学生”者，对“投注站海报或DM”渠道的印象最为深刻，而职业为“无业、待业、退休”者则没印象。职业为“私部门管理、专业”“家庭主妇”“无业、待业、退休”者，通过“投注站海报或DM”、“运动彩票上”、“投注单”、“运动彩票官网”和“投注站老板或店员倡导”等渠道得知倡导节制投注与未成年不得购买的比例较低。

第五，个人月收入与“运动彩票上”显著相关，月收入为“2万元以下”“2万~4万元”新台币的人，通过这种渠道得知宣传的比例偏低。

2.3 台湾运动彩票公司责任博彩措施

台湾运动彩票公司针对责任博彩所采取的措施，完全依照世界彩票协会所颁布的责任博彩7原则和责任博彩10要素做完整的布局。此外，以下相关议题亦值得参考：

第一，台湾运动彩票公司已采取及预定采取之措施：如何避免未成年人投注，警语揭示，嗜赌防治倡导及教育，本人申请停止投注账户之实际运作。

第二，问题博弈之处理及因应措施：提供咨询服务，与赌瘾咨询治疗机构合作，提供转介服务，进行后续追踪，帮助制订财务重整及债务清理计划。

第三，目前台湾地区的嗜赌问题及其造成之冲击：嗜赌率高，常见嗜赌态样多，较易沾染赌瘾之族群普遍以及由此造成之家庭、工作、身心健康及社会问题频发，其他在线博弈、远距博弈及地下赌盘对台湾地区嗜赌问题也造成不良影响。

第四，台湾运动彩票及其主管机关在嗜赌防治及责任博弈监督方面的措施：台湾运动彩票主管机关向发行机构提供指示、建议，控制资源，进行督导及查核等。

第五，台湾地区嗜赌防治资源于未来整合之可能性：公益彩票、运动彩票发行机构与观光赌场业者共同建立平台，负责嗜赌防治工作，引入嗜赌防治人员培训及证照制度，成立嗜赌防治基金会。

2.4 销售网点座谈会访谈纪录

部分销售网点认为：一方面，目前BINGO BINGO之月营收占部分投注站约三成，但有时会有客人大额下注。既然是贩卖公益彩票，就不应使客人倾家荡产，也不应过度依赖BINGO BINGO来实现业绩，有些地方甚至是老板自行下注，那就更不可取了，而这些可能对社会造成不少负面影响。另一方面，投注站以照顾弱势族群为出发点，比方说一家投注站至少要认养一位有身心障碍的朋友，因为有身心障碍者的生活能力本身较一般人低，若能照顾弱势族群之权益，将有助于提升社会对于公益彩票之正面观感。此外，台湾彩票业可向香港彩票业看齐，将买彩票视为一种娱乐。比方说，三五好友到投注站研究彩票是为了打发时间，投注站要给客人一种“我不是来赌博”的印象，应该让客人感到很有趣、很好玩，这样他们才会来购买彩票。店员的定位也同样如此，大家都是在为公益做事，应该为此感到骄傲。

台湾彩票主管机构认为，BINGO BINGO可继续研议，做出一些调整，比如让销售网点向消费者说明购买BINGO BINGO时应有一定的限度，不应大额投注，若某投注站发现顾客在短时间内大额投注，将可停止其继续购买的权利。此外，嗜赌防治项目可由彩票盈余或回馈金中支出，使用部分经费成立基金会或专业机构来防治沉溺或问题赌博等。由于香港地区较早进行彩票销售，故当地政府机构对于责任博彩的宣传进行得比较早，相关机构也成立得较早，相关机构数目甚至比新加坡及中国澳门还多。

3 结论与建议

3.1 与国际接轨

台湾运动彩票主管机关和发行机构要依照世界彩票协会颁布的责任博彩7原则和责任博彩10要素进行完整布局。

3.2 加强责任博彩的教育训练

中国大陆体育彩票管理中心编制了一本责任博彩教育训练手册，我们建议台湾地区的彩票发行机构可以效法，以加强责任博彩的教育训练。

3.3 销售网点应持续倡导节制投注

销售网点有时会遇到有人成瘾大额下注，也有些投注站过度依赖少数产品；为了实现业绩，有些投注站老板甚至自行下注。这使得投注站本身有破产倒闭之可能，也会对社会产生负面影响。我们建议，销售网点应时常向消费者说明购买彩票时要有一定的限度，不应大额投注。若某投注站有顾客在短时间内大额之投注，应立刻停止卖给该顾客。

3.4 加强宣传引导

采用正面宣传方式，强调贡献公益金为爱心行为。中国大陆福利彩票的经营理念为“多人少买、重玩轻博、量力而行、理性投注”；福彩的销售不打折扣，也不能赊账；对于销售网点的员工，有一套培训办法。此外，福彩在宣传方面也采取了一些具体措施，包括张贴海报、设置标语、设置客服热线等。

3.5 设立嗜赌防治项目

我们建议彩票发行机构设立嗜赌防治项目，可由彩票盈余或回馈金中支出，使用部分经费成立基金会或项目机构来防治沉溺或问题赌博等。

参考文献

[1] 刘代洋. 彩券发行机构对经销商与消费者权益保障之责任分析 [R]. 台北：“财政部国库署”，2012.

[2] 刘代洋. 台湾民众购买彩券行为及责任博彩认知之研究 [R]. 台北：“财政部国库署”，2014.

Study on Taiwan Public Cognitive of Responsible Gambling

Liu Daiyang

(Financial Research Institute in Taiwan University of Science and Technology, Taiwan Lottery and Gaming Research Center, Taibei)

Abstract: This paper plans to explore the measures of responsible gambling in Taiwan. As a part of the world lottery community, Taiwan lottery is in line with international lottery regulations. In this paper, in addition to the understanding of responsible gambling for Taiwan people, we also hope to explore the measures implemented by lottery organizations. On the one hand, we detect the quality of measures of responsible gambling in Taiwan, on the other hand, we take it as the basis of the communication with the international community and countries.

Key Words: Taiwan, Lottery, Social Responsibility

过度购买彩票导致生活困难的购彩者案例分析报告

何　维[1]　陈皖滔[1]　林　佳[2]　黄天松[3]

（1.广东省社会工作教育与实务协会，广州，510000；
2.广州市星空社会工作发展中心，广州，510000；
3.广东工业大学社会工作系，广州，510000）

摘　要：首先与服务对象初步接触，了解服务对象的基本资料，同服务对象建立良好的专业关系，安抚服务对象的紧张、焦虑情绪；然后分析服务对象的经历，消除服务对象的非理性观念，树立理性观念，正常对待彩票和福彩中心；再次社工利用“自我放开”及“案主自决”手法，让服务对象自我意识到面前的选择，并制订合理的生活目标和还债计划；最后，确定服务对象接受服务后的状态，结束服务。

关键词：过度购彩　购彩者　案例

1　案例背景

汕头市的钟先生是一位典型的购彩者，他有整整13年买彩票的历史，他买的彩票有上万张。钟先生学历不高，小小年纪就出来工作，第一份工作是在矿山采矿，那时候行业环境不错，钟先生不但学到了很多采矿的知识，还得到了不错的报酬。几年工作下来，他积攒了十来万元钱，在家乡为父母盖了一栋大房子，是当时父母乡亲眼中懂事能干的孝顺仔。后来，钟先生来到广州工作，开始接触了彩票。刚开始，钟先生经济条件不错，买彩票在他看来只是做公益；后来他的经济压力越来越大，铺天盖地的“中奖”消息通过各种媒介出现在钟先生眼中。慢慢地，钟先生的购彩心态也发生了变化，“中大奖”的念头在他心里生根发芽。彩票成为他生活的必需品，他不受控制地想要买彩票，连走路、吃饭、睡觉都想着彩票，有次还差点被车撞了。在买彩票的13年里，钟先生先后交了两位女朋友。刚开始交往时，钟先生都向对方隐瞒了自己买彩票的事，两人相处得还不错，后来他逐渐获得女友的信任，女方把每月工资都交由钟先生来保管。可钟先生买彩票的金额越来越大，输了就加倍再买，最终把两人的工资都输光了。等到事情终于瞒不住的时候，两人就只能分手。最后，负债累累的钟先生只得来到福彩中心寻求帮助，但多次求助无果后，钟先生通过福彩中心的转介，拨打了广东社工服务热线。

2 问题分析

2.1 理论依据

依据弗洛伊德的人格结构理论，人格是本我、自我、超我的结合体。本我主要遵循快乐原则，如果受到阻抑或迟误，就会出现烦扰和焦虑，同时那种获得快感和满足愿望的要求会变得更为迫切和强烈，因而在本我的推动下，人会不顾一切代价克服困难、痛苦、挫折等。自我遵循现实原则，它是本我和外界关系的调节者，感知和了解外界刺激和环境，将人的经验消化和储存，指挥本我，决定本我的各种需要是否被允许得到满足。若能满足则产生快感，反之则产生不快；若遇到可能增加不快的情况，则会焦虑不安。超我主要遵循道德原则，它使人按照价值观念和各自的理想行事，代表良心和道德力量。人们常常处于不停地协调内心三种力量冲突的状态中，希望尽可能减少三者冲突以求内心平衡。

2.2 服务对象情况分析

服务对象购买彩票的初衷是公益事业，但在长期的经济压力和外界“中奖”信息的不断干扰下，服务对象的认知发生了转变。根据人格结构理论，服务对象的本我为了“中大奖”的愉悦而疯狂购彩，为此甚至和女朋友分手。他的自我原本掌控着他努力生活、工作、购买彩票娱乐，但由于外界的干扰，寻求一劳永逸的本我逐渐膨胀，最终控制了自我。而超我作为服务对象的价值观念，原本控制着服务对象的自我，使服务对象努力、积极地工作，为公益事业贡献力量，但由于本我欲望膨胀，同样使得服务对象的价值观念发生了改变，从为了慈善事业购彩转变成为了“中大奖”购彩。

2.3 服务理念分析

由上述分析可以得出结论，要帮助服务对象改善现状，就必须使其心态重新回到平衡的状态，削弱其本我欲望，重拾超我的价值观念，并使其自我再次回到正轨。

3 服务目标

3.1 短期目标

第一，安抚服务对象的情绪，消除其焦虑；

第二，协助服务对象树立理性观念，正常对待彩票和福彩中心；

第三，协助服务对象正确认识现状，为自己制订合理的目标和计划。

3.2 长期目标

帮助服务对象恢复平时的正常生活，戒除彩瘾，以积极的心态面对将来的生活。

4 服务跟进

4.1 第一阶段

目标：同服务对象建立良好的专业关系，安抚服务对象的紧张、焦虑情绪。

主要内容：与服务对象初步接触，了解服务对象的基本资料。接到这个案子后，热线的工作人员马上联系专业的社工与服务对象进行面谈。服务对象刚来时，显得非常紧张、焦虑，对福彩中心充满怨愤。社工和服务对象回顾其购买彩票的经历，分享其各个时期不同的感受。服务对象从当初为了公益事业而购彩讲述到后来心态失常以至于疯狂购彩，情绪有些波动，社工利用“共情”和“尊重”手法，对服务对象的情况和行为表示“接纳”，同时给予其发泄的机会，使其情绪得以疏导，让原本精神紧绷的服务对象逐渐放松，并且冷静下来接受社工的建议。通过第一阶段的会谈，社工和服务对象建立了良好的专业关系，社工取得了服务对象的信任，服务对象愿意接受社工的帮助，服务对象与社工约定了第二次见面的时间。

4.2 第二阶段

目标：消除服务对象的非理性观念，树立理性观念，正常对待彩票和福彩中心。

主要内容：分析服务对象的经历，改变其思想观念。服务对象在第二次面谈时向社工表达了希望从福彩中心得到救助的愿望，他认为既然福彩是公益事业，就一定会向困难购彩者提供救助。社工向服务对象讲述了福彩的性质和现状，使其了解福彩并不直接作用于困难群体，而是通过其他机构来帮助困难群体。社工还为服务对象分析了购彩对他的影响，向服务对象描述了其从一个热心公益的良好市民到醉心“中奖”的偏激购彩者的各种变化，如经济压力增大、感情破裂、人际关系紧张、心态失衡，以及自尊心缺失等，令服务对象明白了自己多年来的变化，并对此深恶痛绝。通过第二阶段的会谈，服务对象认识到自身在看待彩票和身边事物时存在非理性观念，并主动要求改正，树立理性的思想观念。

4.3 第三阶段

目标：为服务对象理清现状，并制订合理的生活目标和还债计划。

主要内容：社工利用“自我放开”及“案主自决”等手法，让服务对象自我意识到面前的选择。服务对象第三次来面谈时，情绪已经平复了许多，但是对于自身现状表现得非常悲观。社工为服务对象分析了今后的两种选择：要么戒除彩瘾之后重新努力工作、生活，要么不戒彩瘾就像现在这样一事无成、孑然一身。社工用这些话引导服务对象自己思考解决方法。痛定思痛，服务对象告诉社工，他决定鼓起勇气重新找工作，回老家开始新生活。社工又为服务对象分析了目前的债务情况，确定了还债次序：首先偿还高利贷债务，其次偿还彩票站债务，最后偿还亲朋好友债务。社工还教授服务对象与家人相处的方法，使服务对象以后与人相处时避免出现以前的情况。

4.4 结案

目标：确定服务对象接受服务后的状态，结束服务。

主要内容：经过三次面谈，服务对象已经基本结束了服务。在最后一次面谈后，社工携带小礼物来到服务对象的老家，观察服务对象的生活状态，并与其进行了较为轻松的交谈。社工了解到，服务对象找到了新的工作，每天都为了新的目标而努力，对彩票也恢复了最初的平常心。在交谈最后，社工与服务对象回顾了整个服务过程，社工对服务对象的现状给予赞赏，并鼓励其坚持下去。社工还与其探讨了结案事宜，因为服务对象的情况已经改善，社工告知服务对象将结束服务，以后还可以继续联系。

5 案例评估

5.1 服务对象方面

服务对象起初对福彩中心介绍的社工并不信任，但经过一系列沟通，服务对象与社工比较顺利地建立了专业关系。在服务初期，服务对象的情绪十分焦虑和悲观，购彩成瘾对他的生活、工作影响巨大，也没有得到扶贫救助，这使他的自尊心饱受打击，对生活失去了信心。一方面，他错误地认为在福彩中心闹事能获得救助；另一方面，他对以后的一切感到焦虑和畏惧。后来通过社工的帮助，服务对象逐渐平复了情绪，与社工分享了自己的经历，并在社工的帮助下主动思考改变现状的方法。在结案时，服务对象感谢社工一直以来的支持和帮助，正是这种支持和帮助才使他重拾信心，渡过难关。现在，服务对象对生活和工作有了新的目标，表示自己会克服困难，努力前进。

5.2 社工方面

在这次服务中，社工以服务对象的现状为出发点，运用“聆听”、“共情”、“尊重”和“案主自决”等手法，与服务对象共同面对过去疯狂购彩产生的种种问题，并一起制订未来的目标和还债计划。同时，社工不断为服务对象分析现状，并给予支持和鼓励，使其逐渐树立起改变现状的信心，以积极的态度去面对和解决问题，最终和服务对象一同达到服务目标。

参考文献

［1］许燕. 人格心理学［M］. 北京：北京师范大学出版社，2009.

［2］史文文. 问题彩民的购彩心理与行为特征［J］. 心理科学进展，2012（4）：122-127.

［3］赵红全. 弗洛伊德人格结构理论的道德视角［J］. 理论月刊，2004（3）：39-40.

Analysis Report on Life-Difficulty Buyers Caused by Excessive Purchasing Lottery

He Wei[1] Chen Wantao[1] Lin Jia[2] Huang Tiansong[3]

（1. Guangdong Association of Social Work Education and Practice, GuangZhou, 510000, China; 2. Starry Sky Social Work Development Center in GuangZhou, Guangzhou, 510000, China; 3. Social Work Department in Guangdong University of Technology, GuangZhou, 510000, China）

Abstract: First, we contact with the service object, understand the basic information of the service object, establish a good professional relationship with service object, appease the service object of anxious mood. Second, we analyze the experience of the service object, eliminate the irrational idea, establish the rational idea for lottery tickets and lottery center. Third, social workers use "let go" and "director self-determination" gimmick, make the service object know what to choose, and formulate reasonable life purpose and repayment plan. Finally, we determine the service object after accepting the service state, the service is the end.

Key Words: Excessive Purchasing Lottery, Buyers, Case

阳江市购彩者购彩行为特征研究

黄瑞权

（阳江市体育彩票中心，阳江，529500）

摘　要：目前对经济欠发达地区购彩者的消费行为进行全面研究的还比较少，本文对阳江市的情况进行了研究，发现该市购彩者以当地人为主，大多数购彩者的学历在高中及以下；八成多的购彩者月购彩支出比例低于30%，30岁以上购彩者的年龄越高，月购彩支出比例越高；农民和个体经营者较其他职业的人月购彩支出比例要高，而军人的购彩支出比例最低。少部分购彩者具有一定的赌徒倾向，多数购彩者出于自身原因会减少购彩金额，而外界因素促使减少购彩金额的比例较低。

关键词：购彩者　购彩行为　阳江市

1　引言

近年来，随着我国彩票销量的逐年增长，购彩者数量不断增多，购彩者中存在的一些问题也显现出来，从消费者行为学视角对这些问题进行研究很有必要。消费者行为包含消费者作用于消费品的所有行为，包括获取、使用、处置消费品和在做出这些行为之前的抉择过程。

目前，对购彩者购彩行为进行的研究不少，一般是对某一省市的购彩者进行研究，如陈淑状（2007）和胡烈刚（2009）分别对广东省和浙江省的体育彩票消费者行为进行研究，臧云辉（2009）和范坤（2014）则分别对沈阳市和南京市的体育彩票消费者行为进行研究；或是对某一类购彩者群体的消费行为进行研究，如王进（2005）和唐冬菊（2012）分别对广州市足球彩票和上海市高频体育彩票购彩者的消费行为进行了研究。这些研究主要针对经济发达地区的购彩者，而对经济欠发达地区购彩者的消费行为进行全面研究的还比较少。阳江市经济总量位于广东省中下游水平，人口城镇化率为49.05%，远低于全省68%的水平，本文以此为研究对象，以发现其独特的购彩者购彩行为特征。

2 研究对象与方法

2.1 研究对象

本研究以阳江市辖区内的购彩者为对象，覆盖位于江城区、阳东区、阳春市、阳西县及各县区部分乡镇的购彩者，调查范围覆盖了全市94%的人口和99%的彩票投注站。

2.2 研究方法

2.2.1 文献资料法

我们查阅了相关的社会学、管理学、市场营销学以及彩票方面的专著和学术论文，查找了广东省及阳江市社会经济及彩票发展的相关数据，为本研究提供理论及现实基础。

2.2.2 问卷调查法

在分层抽样的基础上，我们从阳江市341个投注站选取了106个，每个投注站发放5份问卷，共发放530份调查问卷，回收有效问卷513份，回收有效率为96.79%。

2.2.3 数理统计法

我们利用SPSS 19.0软件对收集到的调查数据进行数理统计分析，使用了单样本方差分析方法。

3 研究结果分析

3.1 购彩者人口结构分析

3.1.1 性别分布

阳江市的购彩者以男性为主，占73.82%；女性购彩者只占26.18%。男女比例为2.8：1，购彩者男女结构与国内相关调查结果相当，说明阳江市男性更热衷于购买彩票。

3.1.2 年龄结构

阳江市购彩者中，年龄最大的为82岁，最小的为18岁，平均年龄为38.43岁；以26~45岁的购彩者为主，占67.86%；30岁以下的购彩者占30.9%；50岁以上的购彩者只占12.86%。购彩者呈年轻化趋势，详见图1。

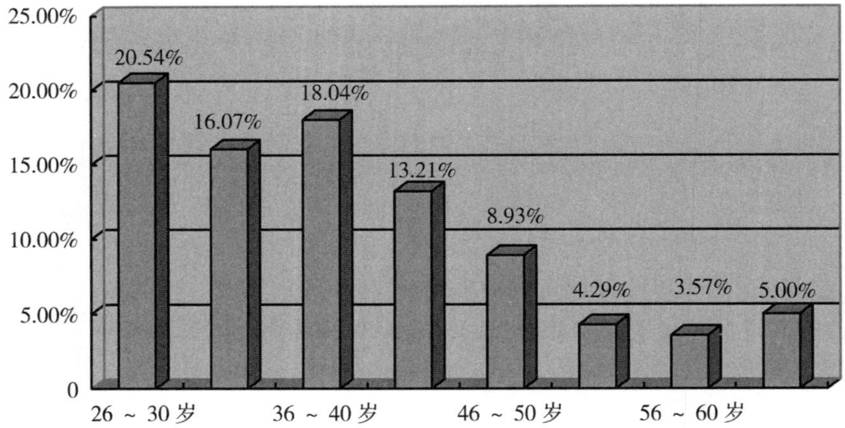

图1 购彩者年龄分布图

3.1.3 职业结构

阳江市购彩者以本市工人居多，占25.58%，明显高于其他职业购彩者；其次为个体经营者和事业单位工作人员，分别占17.05%和16.16%；接下来为农民和公司职员，分别占13.14%和11.19%。这四类职业的购彩者比重较大，外来务工人员和离退休人员占比相对较低，不及一成。这反映出购彩者以本地人为主，详见图2。

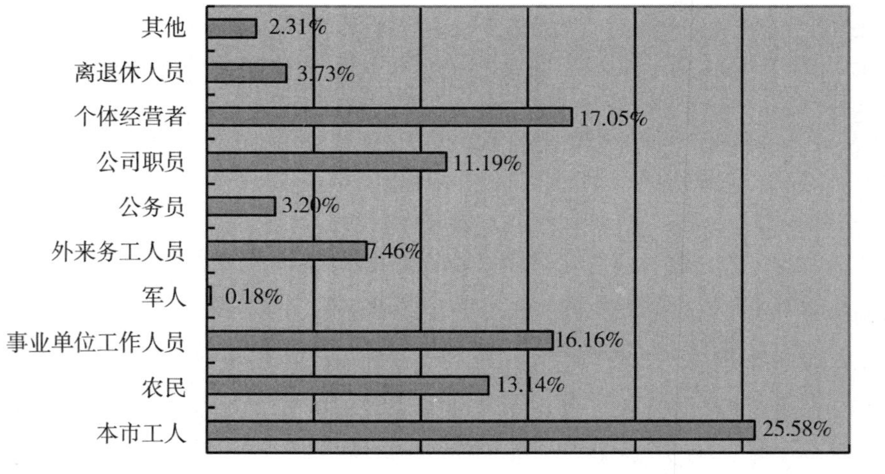

图2 购彩者职业占比

3.1.4 学历结构

阳江市购彩者的学历以高中或中专为主，占36.77%；其次为初中和大专，两者比例相当，分别占24.16%和22.56%；本科及以上学历的占一定比重，为12.08%。

3.2 购彩者购彩行为特征分析

3.2.1 经常购买的彩票玩法

近四成受访者表示经常购买福利彩票，而经常购买体育彩票的只占21.43%，两类彩票都经常购买的占39.11%。此外，对阳江市购彩者经常购买的彩票玩法进行调查，结果如图3所示。购彩者购买最多的为福利彩票的双色球，占七成；其次为体育彩票的超级大乐透，占47.8%。

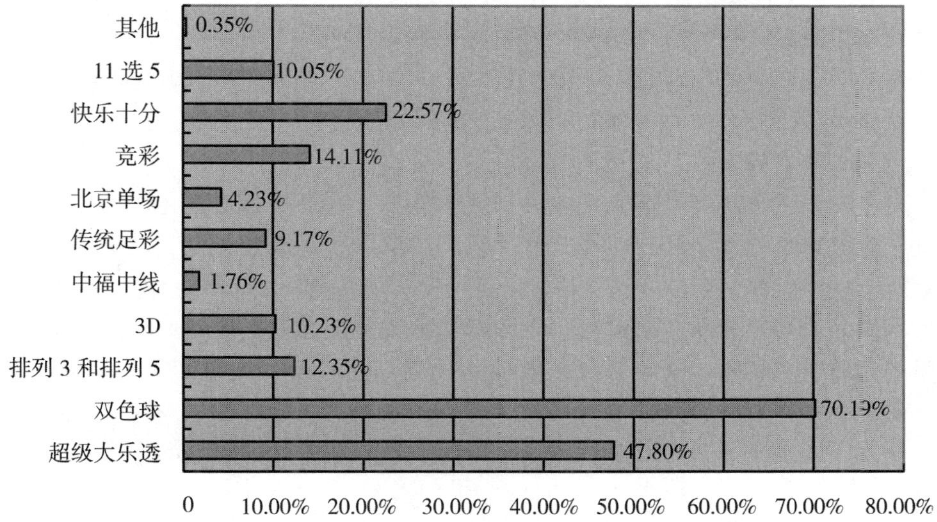

图3 购彩者经常购买的彩票玩法占比

3.2.2 每次购彩金额

七成购彩者每次购彩金额在50元以下，其中每次购彩金额在10~50元的比例最高，达53.51%；其次为每次购彩金额在10元以下的，占17.15%；每次购彩金额超过50元的不足三成，其中每次购彩金额在50~100元的占15.08%，只有一成多购彩者每次购彩金额超过100元。这说明购彩者每次购彩金额较小，而每次都以较大金额购彩的只有少部分。

3.2.3 每月购彩支出比重

在阳江市购彩者中，月收入最少的为300元，最多的为100 000元，均值为4 414.31元；每月购彩金额最少的为2元，最多的为30 000元，均值为701.32元；平均月购彩支出占月收入的比重为15.89%，如图4所示。

对各受访者的月购彩支出占其月收入比重分析发现，比重最低的为0.02%，比重最高的达86.67%；八成多购彩者月购彩支出比重在30%以下，其中月购彩支出比重在10%~30%的占32.83%，5%~10%的占29.79%，5%以下的占24.86%；月购彩支出大于30%的购彩者比例明显减少，如30%~50%的占9.68%，只有2.85%的购彩者月购彩支出比重超过50%。

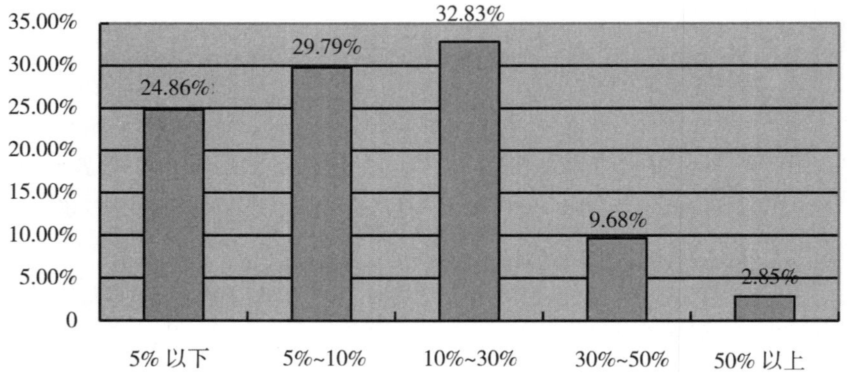

图4　购彩者月购彩支出比重

3.2.4　购彩频率

如图5所示，在阳江市购彩者中，每周购彩2~3次的最多，占37.1%；其次为每周购彩4~5次的，占21.51%；有一成多的购彩者每天购彩1~2次或每月购彩2~3次，其他群体占比在一成以下。由此可见，每周购彩的购彩者占大多数，占比为六成多；而每天都会购买彩票的购彩者比例不及两成，每月才发生数次购买彩票行为的购彩者比例相对更低。

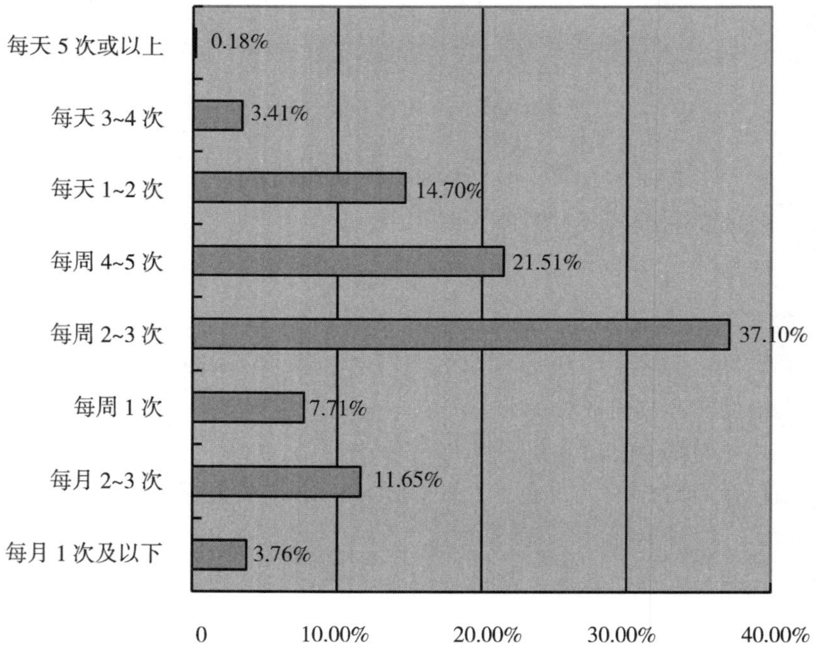

图5　购彩者的购彩频率占比

3.2.5　购彩时间

五成多购彩者在下午6点至晚上8点的时间段购买彩票，其次分别为下午3

点至下午6点和中午12点至下午3点，分别占32.45%和23.99%。就整体而言，自上午9点开始，购彩人数越来越多；下午6点至晚上8点，购彩人数达到顶峰；晚上8点后，购彩人数又有所回落；晚上10点以后购彩的人数最少，仅占5.29%。

3.2.6 购彩目的

如图6所示，就整体来看，购彩者的购彩目的呈现多样性，其中“中大奖”、“支持公益事业”和“试试运气”的比例最高，都占四成多；其次是“娱乐”目的，占24.69%；其他如“精神寄托”、“消磨时间”和“受身边人影响”占比相对更低。

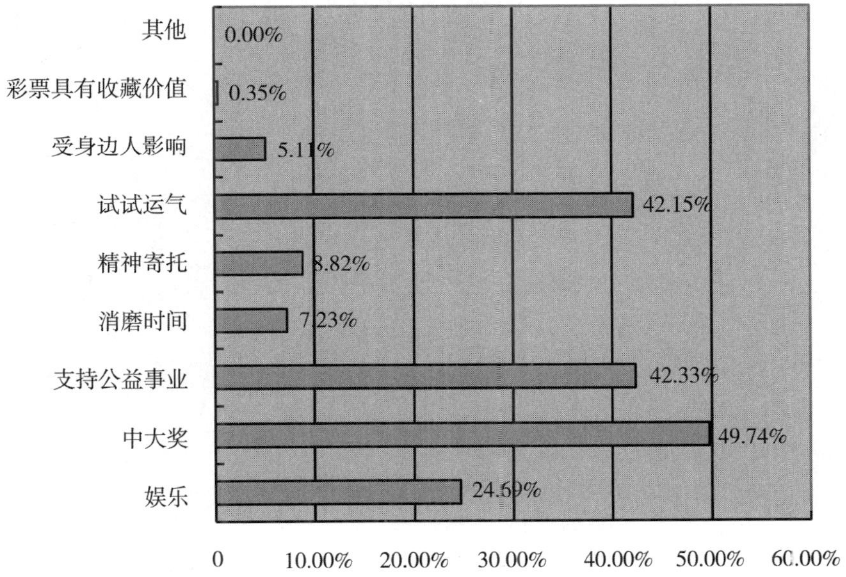

图6 购彩者购彩目的占比

3.2.7 购彩的选号方式

六成多购彩者表示自己看走势图选号，但也有四成多购彩者会通过机选选号，而不看走势跟固定号码的也占一定比例，达23.63%，跟其他人研究合买的购彩者不足一成，只占8.99%。说明大部分购彩者偏向于自己研究自己选号。

3.2.8 获取彩票信息渠道

投注站仍然是购彩者获得彩票开奖和投注信息的重要渠道，网络也逐渐被一些购彩者所使用。六成多购彩者主要通过投注站公告获得开奖信息或投注技巧，而通过网络获得开奖信息或投注技巧的购彩者将近四成；其次为电视开奖节目和手机短信，分别占两成多和一成多；而通过报纸获得开奖信息或投注技巧的占比相对低些，接近5%。

3.2.9 增加购彩金额的原因

如图7所示，大多数购彩者在“手头闲置资金多时”、“奖池累积奖金高时”和“加奖促销期间”会增加购买彩票金额，这三个原因各占三成多；其次则是“中奖时”会增加购买彩票金额，占25.04%；有一部分人“有改善生活需求（如买房）时”增加购彩金额；但也有少部分人（占6.53%）“购彩投入过多，想翻本时”增加购彩金额，具有一定的赌徒倾向。

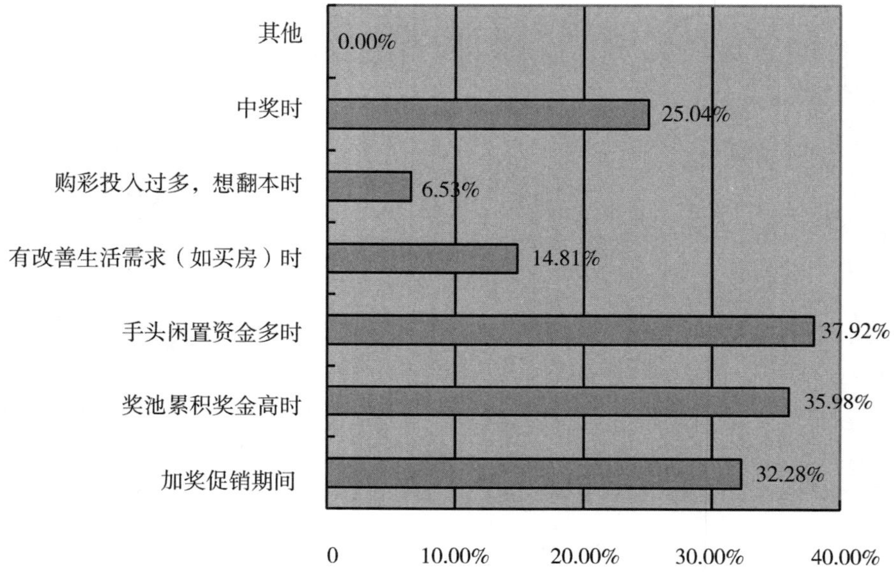

图7 购彩者增加购彩金额的原因

3.2.10 减少购彩金额的原因

如图8所示，对于减少购买彩票金额的原因，近五成购彩者表示“自己认识到了自己的不理智行为”才会减少购彩彩票金额；其次，有四成受访者表示“手头钱花光了”才会减少购买彩票金额。这两个原因与其他原因所占的比例有较大差异，说明多数人出于自身原因才会减少购买彩票金额；外界因素促使购彩者减少购买彩票金额所占的比例较低，如警示标语提醒和身边人员劝导的比例都较低。这说明相对于外因，内因才能起到减少购彩者购彩金额的作用。

3.3 购彩者购彩心理表现

3.3.1 购彩后至开奖前的心理表现

研究发现，大多数购彩者在购买彩票后到开奖前能持平常心，如表示“中了是运气好，不中也无所谓”的占54.5%，表示“期待，但不会花所有精力”的占38.8%，这两项的比重最高；但也有近一成受访者表示“信心十足，坚信能中奖”，7.94%的受访者表示会有“紧张、激动、坐立不安”的心理表现，还有

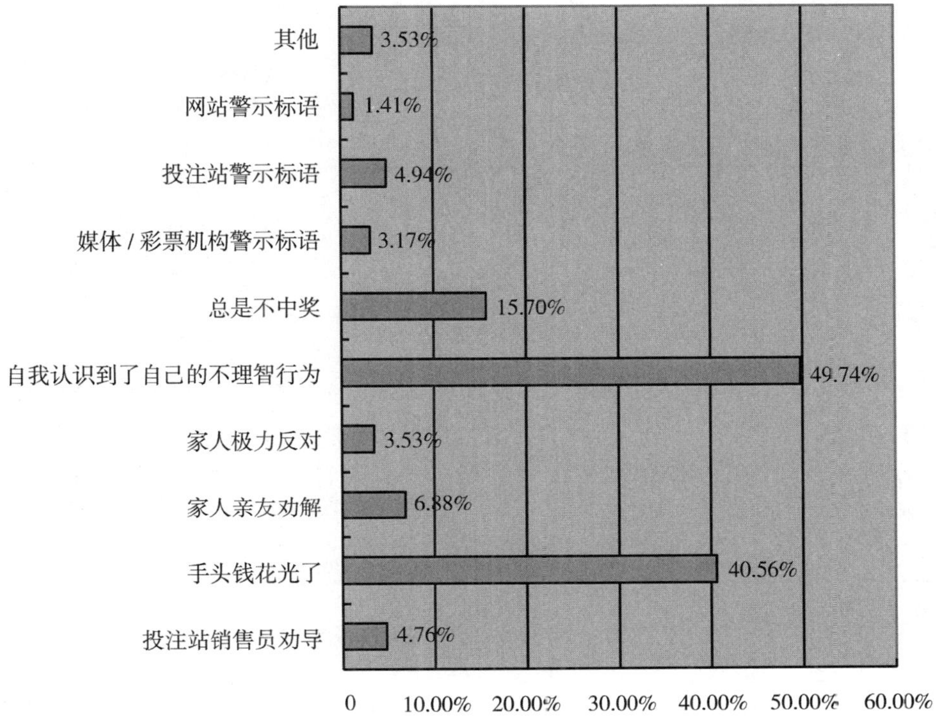

图8 购彩者减少购彩金额的原因

4.23%的受访者表示会“担心忘了兑奖，错过开奖时间”。大体而言，大多数购彩者的购彩心理正常，购彩后对能否中奖持平常心，但亦有少部分购彩者购彩后会焦虑。

3.3.2 投注不中奖的心理表现

大多数购彩者投注不中奖时的心理表现正常：近四成购彩者表示不中奖时“不在意，无所谓，看运气”，三成多购彩者表示“运气不好，改天再买”，两成多购彩者表示“研究中奖号码，准备再次购买”或“继续购买，一定会中奖”；也有少部分购彩者出现沮丧、失望心理，甚至出现找销售员理论、上访的过激行为，如一成购彩者表示不中奖时会出现沮丧、失望心理，7.41%的购彩者会怀疑开奖过程，2%的购彩者表示会找销售员理论或上访。由此可见，大多数购彩者的购彩心理正常，但也出现了少部分问题购彩者。

3.3.3 投注中奖的心理表现

大多数购彩者中奖后会有“高兴，心情激动但不表现出来”的心理表现。其他类型的心理表现占比相当：17.11%的购彩者表示会“见好就收”，16%左右的购彩者会有“兴奋，大声宣扬”或“不甘心，只中了小奖”的心理；也有15.34%的购彩者表示会将中奖金额全部用于购彩，近一成购彩者表示中奖后会翻倍购彩，这反映出阳江市有少部分问题购彩者。

3.4 交叉分析

单样本方差分析也叫一维方差分析，它能够检验由单一因素影响的一个（或几个相互独立的）因变量由因素各水平分组的均值之间的差异是否具有统计意义，它还能购对该因素的若干水平分组中哪一组与其他各组均值间具有显著性差异进行分析，即进行均值的多重比较。为了解购彩者不同因素间购彩行为特征的差异，我们对购彩者的人口特征与购彩行为特征进行单样本方差分析，发现以下显著差异：

3.4.1 不同年龄段购彩者的月购彩支出比重差异

对购彩者月购彩支出比重（每月购买彩票金额/月收入）与年龄分组进行单因素方差分析发现，不同年龄段购彩者的月购彩支出比重具有一定的显著差异，尤其是60岁以上的购彩者，他们与其他年龄段购彩者在月购彩支出比重上的差异非常显著，如表1和图9所示。

表1 **不同年龄组月购彩支出比重差异**

年龄分组	均差	标准误差	显著水平	95% 置信区间	
				下介	上介
60岁以上	0.140326	0.0763186	0.067	−0.009604	0.290256
30岁及以下	0.076764	0.0295725	0.010	0.018668	0.134860
31~40岁	0.097485	0.0294095	0.001	0.039710	0.155261
41~50岁	0.074858	0.0305406	0.015	0.014860	0.134856
51~60岁	0.060933	0.0354803	0.087	−0.008769	0.130635

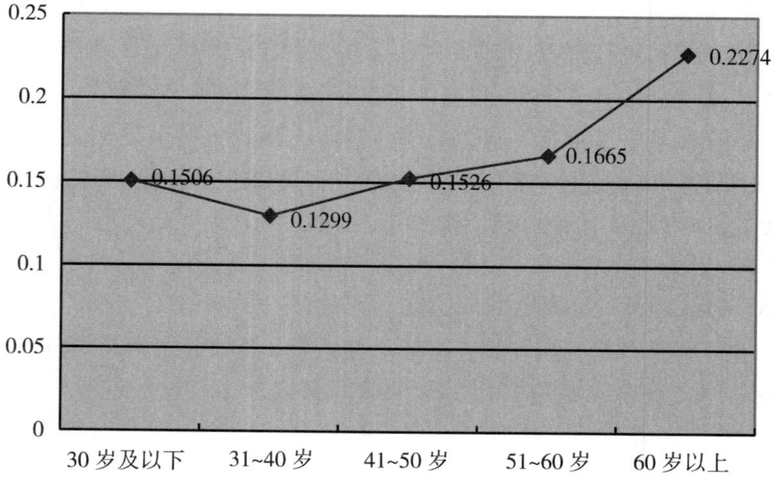

图9 不同年龄组月购彩支出比重走势图

由图9可知，随着年龄的增长，购彩者月购彩支出比重也增大，60岁以上与30岁以下、31~40岁、41~50岁和51~60岁年龄段分别在P=0.01、P=0.001、P=0.015和P=0.087的水平上呈现显著差异。也就是说，购彩者的年龄越大，其月购彩支出比重越大。这或许与年龄大者的收入水平不高有一定关系。

3.4.2 不同职业购彩者的月购彩支出比重差异

对购彩者月购彩支出比重与职业进行单因素方差分析，分析结果在Sig.=0.006水平上显著，但是，不同职业购彩者的月购彩支出比重差异并不太显著，两两之间比较能提供一定的指导意义。农民月购彩支出比重最高，其次为个体经营者和外来务工人员，而军人和公司职员的月购彩支出比重最低，详见图10。

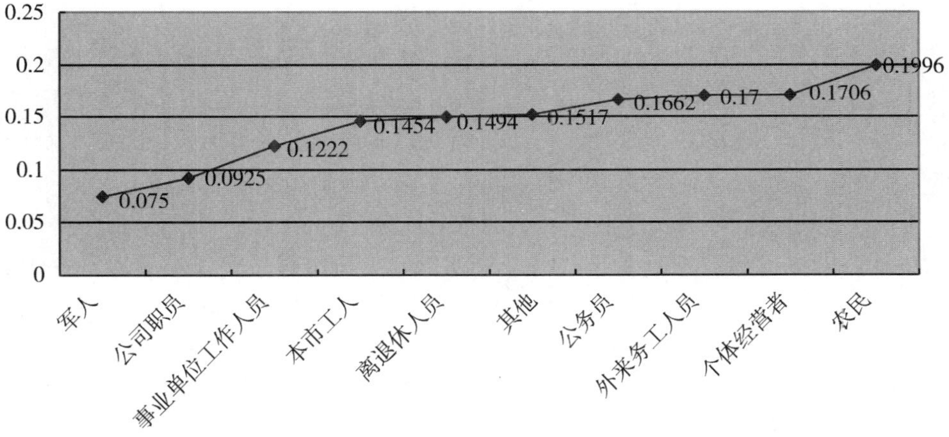

图10 不同职业购彩者月购彩支出比重走势图

4 结论与建议

4.1 结论

阳江市购彩者大多数为高中及以下学历，以当地人为主，主要通过投注站购彩及获取彩票相关信息，经常购买福利彩票的贼彩者是经常购买体育彩票的购彩者的1.9倍，六成多购彩者每周都会购彩，而每天购彩的购彩者不足两成。八成多购彩者月购彩支出比重低于30%，平均支出比重为15.89%；在30岁以上的购彩者中，年龄越大，其月购彩支出比重越高，60岁以上的人群最高。农民和个体经营者较其他职业的购彩者月购彩支出比重高，而军人的购彩支出比重最低。多数购彩者因手头资金增多或受加奖促销的影响而增加购彩金额，但亦有少部分人由于购彩投入过多想翻倍而增加购彩金额，具有一定的赌徒倾向。多数购彩者出于自身原因才会减少购彩金额，如自我反省或是手头钱花光了等；而由于外界因素促使购彩者减少购彩金额的比例较低，如因为警示标语提醒和身边人员劝导而减少购彩金额的比例都不大。

4.2 建议

4.2.1 重视问题购彩者，承担社会责任

研究发现，少部分购彩者已呈现问题购彩者消费行为特征，如月购彩支出比重超过五成，且每天购彩3~5次以上，还有少部分购彩者不中奖会出现“沮丧”、“怀疑开奖”和“上访”等过激心理问题。这一现象应引起管理部门的重视，尽早建立问题购彩者救助机制，承担社会责任，保证彩票业的健康持续发展。

4.2.2 避免过度同质化，实现差异化竞争

在概率型和即开型彩票玩法上，福利彩票和体育彩票的品种大同小异，游戏规则几乎一样，同质化严重。这导致市场竞争相对激烈，应实行差异化产品策略，各展所长，发展各自的特殊产品。例如，体育彩票应重点发展竞猜型玩法的游戏品种，发挥体育赛事竞猜特色，填补市场，满足购彩者的需求。

4.2.3 构建立体宣传平台，做到精准化营销

研究发现，购彩者获取彩票信息过度依赖投注站这一渠道。针对这一情况，应该拓展宣传渠道，构建全方位宣传平台，方便购彩者获取彩票资讯，做好彩票的公益形象宣传；购彩者的购彩时间、渠道、金额等有一定的特点，应结合购彩者的购彩行为特点，进行有针对性的营销活动，做到精准化营销。

参考文献

[1] 符国群. 消费者行为学 [M]. 北京：机械工业出版社，2009.

[2] 陈淑状. 广东省体育彩票消费者现状的调查研究 [J]. 山西师大体育学院学报，2007，22（4）：12-19.

[3] 胡烈刚. 浙江省体育彩票消费行为的调查研究 [J]. 浙江师范大学学报，2009，6（7）：19-21.

[4] 臧云辉. 沈阳市城市居民体育彩票消费者行为特征及影响因素研究 [J]. 沈阳体育学院学报，2009，28（5）：13-19.

[5] 范坤. 南京市体育彩票消费者行为特征分析 [D]. 南京：南京师范大学，2014.

[6] 王进. 广州足球彩票购彩者的构成与消费特征 [J]. 体育科技文献通报，2005（8）：26-33.

[7] 唐冬菊，李剑波，陈培基. 上海市高频体育彩票消费者消费行为研究 [J]. 文体用品与科技，2012（7）：68-75.

Study on Lottery Consumers' Behavior of Yangjiang City

Huang Ruiquan

(YangJiang Sport Lottery Center, Yangjiang, 529500, China)

Abstract: There is relatively lacking research on lottery consumers' behavior of underdeveloped regions. In this paper, we survey on YangJiang City found that lottery bettor are mainly local people, most education at the high school level and below, more than eighty percent monthly lottery buyers expenditure ratio less than 30%. For the lottery buyers over 30 years old, the higher age the higher monthly lottery expenditure ratio. Farmers and individual operators' monthly lottery expenditure ratio is higher than those in other occupations, while soldier's is the lowest. A small number of lottery buyers have a certain tendency to gamblers. Most lottery buyers would reduce the amount of betting for the reason of their internal factors rather than external factors.

Key Words: Lottery Buyer, Lottery Purchase Behavior, Yangjiang City

第二部分

彩票社会责任体系

2 Social Responsibility System of Lottery

结合我国彩票发展现状对彩票社会责任的思考

张俊龙[1]　罗　昱[2]

（1.澳门科技大学商学院，澳门；2.华南师范大学公共管理学院，广州 510631）

摘　要：彩票事业在新中国的发展即将步入第30个年头。彩票近年来每年销售额过千亿元，在社会民生中起着越来越重要的作用。本文考查了我国福利彩票、体育彩票在销售、组织架构、彩票资金分配等方面的现状，结合社会责任有关理论，提出了彩票社会责任应涵盖的维度，对彩票社会责任应关注的议题提出了建议。

关键词：彩票　社会责任　彩票机构　彩票资金

1　彩票的发展概况

1.1　世界彩票的发展

彩票，英文为lottery，又称彩券、抽彩给奖，是以抽签给奖方式进行筹款的方法。彩票的诞生并非偶然，一方面，彩票是人们期望不劳而获、以小博大等投机心理的映射；另一方面，彩票能在发行地植根发展，因其具有募集资金功能。销售彩票所募集的资金中有相当一部分会资助当地的公共事业或公益事业，故彩票也被发行者所青睐。关于彩票的起源，最早可追溯到古罗马时期，当时的罗马帝国为增添节日气氛以及增加国库资金，在节假日和大型活动上开展一系列“博彩”活动。近代彩票最早也出现在欧洲。1530年，意大利佛罗伦萨举行了“数字彩票”活动并用现金进行奖励，该活动一推出就取得了成功，并成为欧洲现代彩票的前身。1567年，英国女王伊丽莎白一世批准发行彩票，彩票销售所筹款项相当一部分用于修建港口以及其他公共支出。随着全球整体经济水平、工业技术的快速发展，彩票市场也在不断扩张，目前世界彩票协会（WLA）正式成员已超过100个，截至2015年底，WLA统计的世界彩票销售总额增长率达2%。

1.2　我国彩票发展概况

1987年6月，中国福利彩票发行管理中心的前身“中国社会福利有奖募捐委员会”于北京正式成立；同年7月，卖出了新中国成立以来的第一张彩票。1994

年4月，原国家体委体育彩票管理中心正式成立，于1994—1995年共发行10亿元体育彩票，其中3亿元资金主要用于补充第43届世乒赛等13项大型赛事的经费。得益于我国经济的快速增长、人民生活水平的不断提高，近30年来彩票作为服务行业也有着飞速的发展。1996年，全国彩票销售额不到80亿元（福彩64亿元、体彩12亿元）；1999年，全国彩票销售额首破百亿元；2007年，全国彩票销售额突破1 000亿元；2015年，全国彩票销售额近3 700亿元（福彩2 015亿元、体彩1 664亿元），与30年前相比，增幅近50倍。也正因为我国彩票事业的蓬勃发展对世界彩票行业产生了越来越大的影响，世界彩票协会已将我国两大彩票管理机构——中国福利彩票发行管理中心与国家体育总局体育彩票管理中心列为正式成员。外媒近年也关注到中国彩票市场的火热，并认为在可见的未来中国将超越美国，成为全球最大的彩票市场。

2 我国彩票资金与机构的现状

对于我国彩票社会责任的厘定，首先需对彩票资金、机构、销售网点以及彩票管理、销售人员关系进行梳理。

2.1 彩票资金

目前全国32个省、市、自治区都有中国福利彩票以及中国体育彩票的官方网点，即我们常说的投注站。在任一福彩网点，都可购买“双色球”和“刮刮乐”等类型的彩票；而在任一体彩网点，都可尝试“大乐透”和“顶刮刮”等彩种。

在任一彩票销售网点，一张单注彩票卖2元。这2元资金最后又去向何处呢？实际上，不管是何种游戏类型，根据《彩票管理条例》的规定，购彩者的购彩资金都将按照彩票奖金、彩票发行费和公益金进行分配（参见表1)，各部分比例有所不同，具体由国务院来定。关于不同游戏类别的彩票资金流向，以体育彩票为例，几大主要游戏类别的资金分配如图1所示。

表1 我国彩票资金用途概况

名 称	用 途
彩票奖金	支付给彩票中奖者
彩票发行费	用于彩票发行机构、彩票销售机构的业务费用支出以及彩票代销者的销售费用支出
公益金	用于社会福利、体育等社会公益事业，不用于平衡财政一般预算

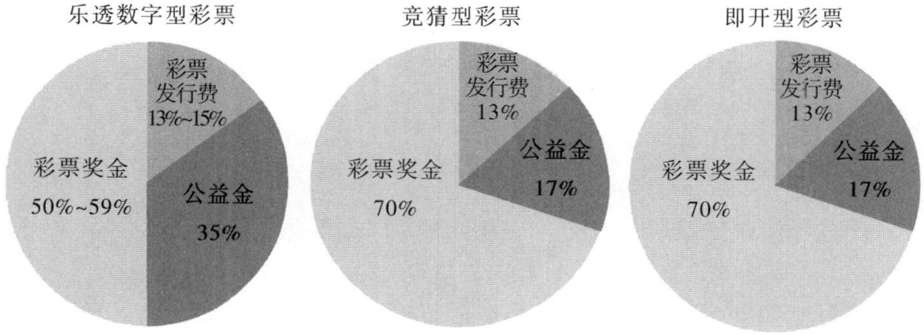

图1　中国体育彩票各游戏类别资金提取比例

2.2　彩票管理机构

我国两大彩票管理机构分别是中国福利彩票发行管理中心以及国家体育总局体育彩票管理中心（以下简称中国福彩中心与中国体彩中心），二者分别是直属于民政部与国家体育总局的直属事业单位，财政部对中国福彩中心与中国体彩中心有预算、决算、审批、审计等实际财务权限；中国福彩中心与中国体彩中心对省级福彩、体彩机构有指导、监察等业务管理职能，而各省级福彩中心、体彩中心亦在直属于各省级民政厅、体育局的同时，受各省财政厅的财政指导、监管；市级福彩、体彩机构与本市民政、体育、财政部门的关系亦是如此。

2.3　彩票销售网点

《彩票管理条例》第十五条规定，彩票发行机构、彩票销售机构可以委托单位、个人代理销售彩票。彩票发行机构、彩票销售机构应当与接受委托的彩票代销者签订彩票代销合同。在此规定下，全国绝大多数彩票销售网点都以这种委托代理的形式进行销售。同时，按照《彩票管理条例实施细则》的规定，彩票管理机构与第三方签订有效代销合同后，有做好监管的责任与义务。

彩票管理机构与代销者签订代销合同后，要向代销者发放对应彩票销售网点的“代销证”，自此委托代理关系正式确立。代销者也正式成为某彩票销售网点的业主，代销合同中已明确业主对该彩票销售网点有安全生产、合法经营的责任。通常零售店的业主必须有工商、税务部门要求的相关合法证件，但在彩票销售网点，仅需要于店面显眼处悬挂有效的“代销证”即可。同时，彩票销售额中会有13%~15%的彩票发行费，而其中7%~8%是以佣金的形式回馈给彩票销售网点业主的，即彩票发行费有超过一半是归彩票销售网点业主所有的。这种提取佣金的形式在一定程度上刺激了彩票销售网点“多销多得”。彩票销售网点的业主为提高销量可自行聘请销售人员，在实际工作中，有部分业主让销售人员进行网点的所有一线工作。

3 彩票社会责任的厘定

3.1 社会责任

社会责任在管理学、经济学领域一直是研究的热点，主要围绕企业社会责任（Corporate Social Responsibility，CSR）展开。德鲁克（Peter Drucke）认为，企业的责任来源于两个重要方面：首先是企业所进行的生产经营活动对社会所造成的影响，其次是社会自身在一定程度上也需要企业的这些影响。罗宾斯（Stephen Robbins）认为，企业所承担的社会责任在法律规定以及经济要求上未必有明文约章，但为了社会整体健康发展，企业除了履行法律责任、经济责任以外，还应遵守道德准则。卡罗尔（Carroll）在前人研究的基础上，构建了企业社会责任的金字塔模型，从底层而上分别是经济责任、法律责任、伦理责任以及慈善责任。施瓦兹（Schwartz，2003）从企业承担社会责任的道德动机、制度动机以及经济动机三个维度，探讨了企业承担社会责任的原因，认为企业社会责任的实现需各方力量合力。国内有学者认为，企业社会责任需要政府、社会、企业三方来进行协同研究，这是一个全局性的社会问题。也有人从消费的终端——顾客的视角来研究这一问题，强调企业社会责任在实现的过程中离不开信息公开以及政府在其中所起的重要作用。

3.2 彩票的社会责任

近年来，对我国彩票的社会责任研究也逐渐成为了热点。有学者将彩票机构应履行的社会责任分为监管责任（如管理、预防）、产品责任（产品研发）等。根据卡罗尔的金字塔模型，对应的彩票的社会责任包括慈善责任、伦理责任、法律责任、经济责任，与此类似的分类近年逐渐成为研究热点。同时，彩票机构履行社会责任的程度对购彩者的消费行为产生怎样的影响，也开始被国内学界所关注。

结合前文可知，彩票社会责任的实现离不开消费者（即购彩者）对彩票的购买，在购买过程中，购彩者应科学、理性、有限度地去消费；此外，销售与运营等工作主要由投注站完成，业主在此过程中应合法销售，同时引导购彩者健康购买彩票，发现大额投注等状况要做好劝愈，必要时向彩票管理机构汇报；最后，彩票的监管离不开彩票管理机构，财政部门、民政部门、体育部门等上级管理机构也承担着不可推卸的责任。

4　彩票社会责任需关注的热点

4.1　彩票资金的去向

一张由2元资金构成的彩票是彩票行业得以发展的基石，数以亿张彩票构成了我国年销量过3 000亿元的瞩目成绩。彩票资金的使用情况、去向问题一直是社会所关注的热点，尤其是彩票发行费与公益金部分，应加大监管力度，对是否低效使用甚至滥用彩票发行费、公益金在相关项目的投入与进展，都应更清晰，必要时应设立科学的问责机制。

4.2　一线网点及销售人员

“上面千条线，下面一根针”，这是目前许多网点的现状。社会责任的落地在很大程度上取决于网点的执行情况。许多网点业主自身业务水平不高、责任意识不强，给网点社会责任的践行打了折扣。部分网点业主在聘用销售人员的过程中，没有把好关也没有做好培训工作，使得部分销售人员在日常工作中缺乏责任意识，也为安全销售埋下了隐患。彩票管理机构要切实履行监管职责，充分做好抽查、检查工作，设立“优胜劣汰”制度；同时，要有效利用客服热线，对被投诉的网点做好记录、调查、回馈等工作。

4.3　玩法设置要科学

福彩“双色球”、体彩“大乐透”都属于大盘游戏，在规则上有一定的相似性。本期若没有中奖的，奖金将被放回总奖池，即在没有购彩者中“头奖”“大奖”的情况下，总奖池金额将不断累计迭加。截至2016年5月，福彩“双色球”的总奖池金额已超过9亿元，体彩“大乐透”的总奖池金额更是超过30亿元。奖池的高金额一方面刺激更多的消费者投入到购彩的行列，另一方面使人对彩票的公正性产生质疑；同时，奖池的高金额也限制了大量彩票资金的有效流动。彩票管理机构、相关政府部门应加强彩票玩法的研发，在政策、法规允许的前提下，做到科学合理、与时俱进；在考虑彩票奖金普适性的同时，更应从彩票的公益性出发，提升彩票资金的公益效果。

4.4　购彩者的健康购买

《彩票管理条例》等相关法规明确规定，未成年人不得购买彩票。但彩票不记名、不挂失、允许代兑等特性，以及目前支付手段的多样性，使得彩票销售网点对于购买者是否成年很难把握。彩票销售网点应秉持“当面销售”的原则，加强顾客甄别工作，确定是未成年人的要拒绝售卖。同时，加强引导，帮助顾客合理投注，对于大额投注顾客需额外关注，强化“购彩有风险”“理性投注”等理念；对于有成瘾倾向的顾客，除了向彩票管理机构汇报外，也要向有关社工组织上报。

参考文献

[1] 德鲁克. 管理——任务、责任、实践 [M]. 北京：中国社会科学出版社，1987.

[2] 罗宾斯. 管理学 [M]. 9版. 北京：中国人民大学出版社，2008.

[3] Carroll. The Pyramid of Corporate Social Responsibility：Toward the Moral Management of Organizational Stakeholders' [J]. Business Horizons. 1991，34 (4)：39-48.

[4] Schwartz，Carroll. Corporate Social Responsibility：A Three Domain Approach [J]. Business Ethics Quarterly，2003 (13)：503-530.

[5] 贾生华，郑海东. 企业社会责任：从单一视角到协同视角 [J]. 浙江大学学报：人文社会科学，2007 (2)：79-87.

[6] 鞠芳辉，谢子远，宝贡敏. 企业社会责任的实现——基于消费者选择的分析 [J]. 中国工业经济，2005 (9)：91-98.

[7] 李海，穆瑞玲. 我国体育彩票社会责任内涵分析 [J]. 河北师范大学学报：哲学社会科学版，2013，36 (2)：138-144.

[8] 聂丽芳，李海. 体育彩票机构社会责任履行对购彩者消费行为的影响研究 [J]. 天津体育学院学报，2015，30 (6)：474-479.

Study of Lottery's Social Responsibility—Combining the Development of Lottery in China

Zhang Junlong[1] Luo Yu[2]

(1.School of Business，Macau University of Science and Technology，Macau；2.School of Public Administration，South China Normal University，Guangzhou，510631，China)

Abstract: Since the lottery started selling in P. R. C.， it has almost been 30 years. As the amount of sales expands to over 100 billion per year，the importance of lottery becomes more and more important in China. By analyzing China Welfare Lottery and China Sport Lottery through selling-mechanism，management institutions，and allocation of lottery funds，this paper puts forward Lottery's Social Responsibility in several dimensions，basing on the theory of social responsibility. Concerning some hot issues about lottery in China, this paper also makes some discussions for the future development.

Key Words: Lottery, Social Responsibility, Lottery Institutions, Lottery Funds

负责任彩票与我国互联网彩票发展策略探讨

纪春礼

（澳门理工学院博彩教学暨研究中心，澳门）

摘　要： 互联网彩票在我国经历了反复变化，迄今依然处于叫停状态。在大力发展“互联网+”的背景下，互联网彩票必然迎来回归。如何发展互联网彩票成为业界讨论的重点问题。本文回顾了我国互联网彩票的发展历程，阐述了我国互联网彩票发展中的问题，在分析互联网彩票发展前景的基础上，基于责任彩票视角提出了我国互联网彩票发展的建议。

关键词： 互联网彩票　发展历程　负责任彩票　建议

1　引言

自1987年第一批福利彩票在河北省石家庄市销售以来，我国的彩票业已取得了飞速的发展。1987年全年彩票销售额仅为1 740万元，而2015年全年彩票销售额已达3 678.84亿元，28年间复合增长率达到43%。在彩票业的发展历程中，互联网彩票是最值得讨论的重点和热点问题之一。从彩票产业链的角度来看，尽管互联网彩票仅仅是销售渠道不同，但其在我国的发展可谓一波三折、反反复复，至今仍处于叫停状态。互联网彩票在我国的发展之所以再三反复，与其发展中遇到的各种问题密不可分。从彩票综合社会责任的角度来看，这些问题又折射出我国互联网彩票发展中所面临的社会责任困境。不容否认的是，随着互联网、移动通信技术的发展，网络已经成为现代工作、生活中不可或缺的重要手段。从彩票社会责任视角对我国的互联网彩票进行探讨显得迫切而必要。

2　我国互联网彩票的发展历程

从全球来看，最早的互联网彩票是列支敦士登国际彩票基金会（International Lottery in Liechtenstein Foundation）1995年10月7日发行的Interlotto（Romney，1995），1997年网站将彩票游戏改名为PLUS LOTTO。我国互联网彩票则起步于21世纪初，可以说，我国的互联网彩票起步并不晚（王长斌，2016）。我国互联网彩票起步的标志性事件是2001年12月500万彩票网和中国竞彩网开通彩票网络代购，但是我国互联网彩票发展的一大特征是其持续在发展与竞争中徘徊。由于当时我国网络刚刚起步，各项监管、条例都很不成熟，因此财政部于2002年3月1日印发了《彩票发行与销售管理暂行规定》，其中第十条明确规定“禁止利用因特网发行销售彩票”。当时网络售彩还是新鲜事物，人们并不熟悉，购彩者亦不多，所以根本没有引起足够的重视。随着互联网的不断发展和网民数量的不断增加，互联网彩票不仅没有被完全禁止，反而呈现出野蛮生长之势，2005年我国互联网彩票销售额已达到1亿元，而且增长迅猛。

2007年11月6日，财政部联合公安部、民政部、信息产业部、国家体育总局联合发布公告，对各地非官方主办的彩票销售网站进行为期30日的清查整顿，要求停止非彩票管理机构主办网站彩票销售业务、整顿彩票管理机构利用互联网销售彩票业务、严厉查处和打击利用互联网非法销售彩票行为。不过从地方体彩和福彩中心获得授权的一些彩票网站是否在停售之列，该公告并未给出明确答案，这也直接导致整顿效果欠佳。在此期间，互联网售彩大户并没有受到影响，都在照常销售彩票。

由于第一次叫停效果欠佳，2008年1月2日，财政部再次向福彩中心、体彩中心，各省、自治区、直辖市财政厅（局）、民政厅（局）、体育局发出通知，要求自通知下发之日起，一律停止利用互联网销售彩票。该通知还明确规定，各省级民政、体育部门要对本地区福彩机构和体彩机构利用互联网销售彩票的情况进行检查和整改，对已经与公司或个人进行互联网销售彩票业务合作的，必须立即停止合作。随后绝大多数知名售彩网站陆续宣告暂停网上代购业务。为了应对检查，彩票网站开始转变经营模式，有的关闭了网页上的投注功能转而通过客户端软件进行投注；有的开始通过电话投注，中奖后再通过网上银行划拨奖金。本次叫停对彩票销售影响较大，虽然当年彩票销量仍有增长，但增速明显放缓，未达到预期。

2010年8月，国家体育总局和中国福利彩票发行管理中心分别下发《关于电话投注、互联网销售彩票有关问题的紧急通知》和《关于深入贯彻落实〈彩票管理条例〉规范彩票销售的紧急通知》，再度要求立即停止互联网销售彩票等无纸化销售方式，但对于叫停的最后期限，以及不按要求停售将面临的处罚等，并没有明确，这也导致本次叫停对网售基本上没有造成太大影响。

2012年3月1日，《彩票管理条例实施细则》实施，电话、互联网投注被定性为“非法彩票”，在实施前的2月27日，财政部就违规利用电话、互联网销售彩票等问题召开了紧急会议，重申未经批准，擅自利用电话、互联网销售的彩票品种和游戏属非法彩票，需依法查处。随后，福彩中心和国家体育总局也一同下发紧急通知，要求停止电话和互联网销售彩票。

2015年，我国互联网彩票迎来了第5次叫停。2015年1月，财政部、民政部、国家体育总局联合下发了《关于开展擅自利用互联网销售彩票行为自查自纠工作有关问题的通知》，要求对彩票市场中存在的擅自利用互联网销售彩票现象开展自查自纠工作。当年4月，财政部、公安部、国家工商行政管理总局、工业和信息化部、民政部、中国人民银行、国家体育总局发布《中国银行业监督管理委员会公告2015年第18号》，明确提出未经财政部批准，任何单位不得开展互联网销售彩票业务。凡是擅自利用互联网销售彩票的彩票机构和网络公司等相关单位（个人），应当立即停止互联网销售彩票业务。各地财政、民政、体育主管部门应当对所辖区域内擅自利用互联网销售彩票行为进行清理整顿。对彩票销售机构和代销者擅自利用互联网销售彩票的，要依法依规严肃处理。

不难看出，从2001年至今，我国互联网彩票已经历了数次叫停。在数次叫停的过程中，财政部也曾于2010年10月制定了《互联网销售彩票管理暂行办法》和《电话销售彩票管理暂行办法》，并在2013年1月公布的《彩票发行销售管理办法》中重申电话售彩和互联网售彩的合法性。但总体而言，我国互联网彩票可谓命运多舛。在禁止与发展的历次循环中，我国互联网彩票的影响却不容小觑。如图1所示，互联网彩票销售额从2005年的1亿元，增长到了10年后的850亿元；从占彩票销售额不到1%，增长到22%。

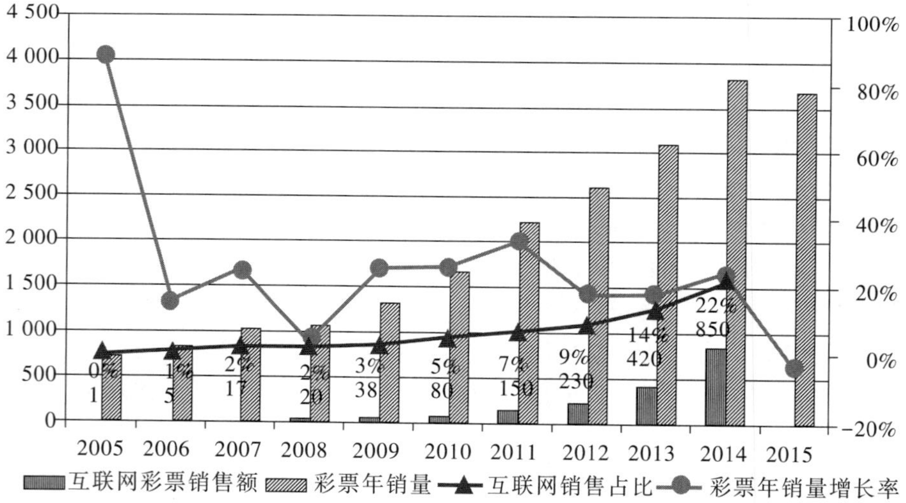

图1　我国彩票年销量与互联网彩票销量统计（单位：亿元，%）

在被叫停之前，互联网彩票已成为影响彩票行业规模的重要力量，是行业增长的重要来源。《2014年互联网彩票市场分析报告》显示，2014年中国有超过1亿人通过互联网渠道购买彩票，互联网已成为广大用户的重要投注平台和渠道。值得关注的是，近几年来移动互联网彩票销售量的增长同样迅猛。如图2所示，2011年，移动互联网彩票的销售额仅为5亿元；2014年，移动互联网彩票的销售额已迅速增长到385亿元，占据了互联网彩票销售额的半壁江山。

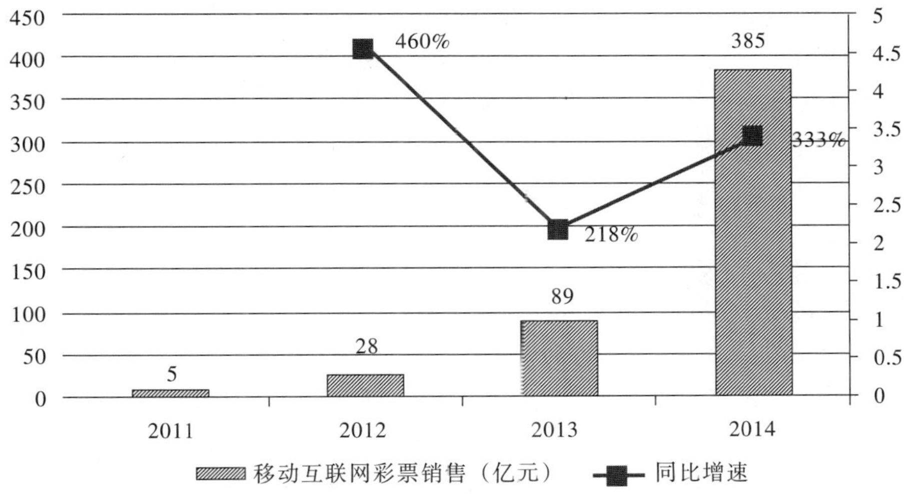

图2 我国移动互联网彩票销售额

3 我国互联网彩票发展中的主要问题

依照《互联网销售彩票管理暂行办法》的定义，互联网彩票是指使用浏览器或客户端等软件，通过互联网等计算机信息网络系统销售彩票。应该说，互联网彩票是彩票销售无纸化的重要手段之一。与传统彩票销售渠道相比，互联网销售彩票有着自身的特性和优势（见表1）。最重要的是，互联网、手机移动端技术极大提高了彩票消费的便利性和体验感，大大激发了消费者的彩票消费需求。

表1 **互联网销售彩票与传统彩票销售渠道的比较**

项目 渠道	传统销售渠道	互联网销售渠道
发行人	民政部（福彩）、国家体育总局（体彩）	民政部（福彩）、国家体育总局（体彩）
销售地点	面积不小于15平方米的专业场地，投注站密度不能过大	通过浏览器、手机客户端等形式售彩，不受地域限制
咨询等衍生服务	通过销售员、报纸、周边购彩者自发组织交流	有专业的数据统计工具、资讯编辑团队和全国性购彩者论坛，并衍生出“合买”玩法
支付手段	现金支付	网银、支付宝、微信等线上支付工具
营收上缴单位	当地、各级体彩和福彩中心	签署代销合同的分支体彩和福彩中心
主要运营成本	租金成本、装修折旧、销售人员成本	营销费用、系统维护费用、研发费用

不容否认的是，互联网、移动通信技术在给彩票行业带来机遇的同时，也使其面临较大的挑战，甚至在我国互联网彩票发展过程中出现了种种问题，这也是其被叫停的重要原因。总体而言，我国互联网彩票面临的主要问题来自四个方面：

3.1 互联网彩票企业方面的问题

作为直接面对彩票消费者的主体，互联网彩票企业在利益的驱使下暴露出了诸多问题，影响最大的问题包括：

3.1.1 "吃票"

"吃票"即网站获得购彩订单后并未真正购买彩票，而是自行截留彩票消费者的资金。虽然互联网彩票的销售额不断增长，但光凭彩票销售，各网站的盈利空间并不大。这是因为能从福彩、体彩中心拿到10%左右佣金的仅有中国体彩网和500万彩票网，其他彩票网站其实均是与特定的网点合作，能拿到的提成不足8%。互联网彩票其实就是代购，各个站点实际上仍需购买对应结果的彩票，即"出票"。但是，由于互联网的无纸化特征，彩票购买者根本无法知道自己所支付的金额是否真正"出票"。此外，中奖是小概率事件，如果不中奖，购彩资金即完全被互联网彩票企业私吞；如果中小奖，网站为留住客户，会把这些钱打到客户账上；但如果中大奖，则采取逃票方式，直接关闭网站等。

3.1.2 开"黑彩"

尽管"黑彩"在互联网彩票之前就已经存在，但互联网使"黑彩"在技术、渠道等方面具有极大的便利性。凭借一日多开和高额返利的诱惑，一些不法彩票网站往往能迅速笼络到一批顾客。互联网的发展加大了监管的难度，不少网站结合"灰色"和"黑色"两种模式，通过"吃票"和"黑彩"疯狂地获取利益。

3.1.3 互联网彩票企业之间的无序竞争

线下投注站的佣金一般为销售额的6%~8%，但互联网彩票网站获得的佣金在10%以上，甚至高达13%~14%。为获得更高收益、笼络更多购彩者，互联网彩票网站采取各种手段，甚至违规进行促销。例如，一些彩票网站打出"不中奖包赔""充200返200"等极具诱惑性的广告语，部分还涉及虚假宣传。

3.2 彩票消费者方面的问题

由于彩票具有博彩属性，无论通过哪种渠道销售，都可能产生问题赌博。值得注意的是，互联网彩票，尤其是手机移动端彩票的出现极大地增加了彩票购买的便利性，彩票的博弈性会在更为广泛的空间、更为频繁的时间扩散，即便可能出现问题赌博的比例是固定的，购彩人数总量的增加也会带来更为大量的问题购彩者。此外，互联网彩票的创新空间更大，一些彩票网站甚至开发出更具吸引力的彩票游戏，亦很容易让购彩者成瘾。例如，"中福在线"2014年设计的一款彩票游戏曾造成很坏的影响，后来有关部门勒令每个账号每天只能向游戏里投入1 200元，其影响才有所减弱。互联网彩票出现后，未成年人购彩问题显得更为棘手。手机在初、高中学生中已经相当普及，16岁以上的学生就可以办银行借记卡，通过手机购买彩票。彩票中心无法确认购票人的真实身份，无法知道他们是否年满18岁、是否过度购彩。如何杜绝未成年人购彩同样是发展互联网彩票需要解决的问题。

3.3 彩票机构方面的问题

互联网彩票出现后，公益金分流问题也随之而来。互联网彩票打破了彩票的地域壁垒，一家网站可以与多省彩票中心签订协议。过去，彩票销售额的35%作为公益金，部分上缴国家统筹，剩余部分则留在地方，援助当地的公益事业；互联网售彩兴起后，一些省份的彩票中心为扩大销售，对一些大型互联网售彩网站予以更高点数回扣，所以网站纷纷与该省份的彩票中心签订代售协议。这就意味着，有些省份的彩票公益金通过互联网售彩流入其他省份。一些地区的彩票中心为了快速提高彩票销量，甚至不惜提高收益返点，向私营企业输送利益，使公共利益遭受损失。

3.4 监管难题

我国的《彩票管理条例实施细则》虽然明确规定了财政、民政、体育行政、公安、工商等部门的彩票管理职责，但实际情况是我国对传统彩票销售渠道存在监管不力的情形，而互联网彩票的发展进一步加大了监管压力。尽管我国2010年发布了《互联网销售彩票管理暂行办法》和《电话销售彩票管理暂行办法》，但没有发布执行细则。在有些情况下，虽然有互联网彩票管理办法，却有人不按管理办法去做，这导致互联网彩票的监管形同虚设。

4 互联网彩票的发展前景

从世界范围来看，很多国家和地区对互联网彩票的发展并非完全持赞成态度。总体而言，欧洲法院支持发展互联网彩票，各国彩票的网络销售额高达彩票总销售额的1/3。其中，德国17个州的彩票和希腊的国家彩票都用互联网进行销售，网络彩票品种与经销网点现场销售的游戏品种基本一致。英国、法国、比利时、爱尔兰、西班牙、葡萄牙等国则除了互联网销售外，还针对电脑和智能手机开发了多种新游戏，以提高彩票销量。意大利、瑞典和丹麦等国家更进一步，它们除了利用互联网销售一般彩票，也在网上发行即开票、赛马、职业球赛竞猜博彩，同时还开办各类扑克赛事等网上赌场。加拿大于2004年8月24日开始通过网络发行“乐透6/49”、“大西洋49”和“超级乐透7”。美国虽然是彩票大国，但在互联网售彩问题上很谨慎，进展缓慢，直至2011年12月23日美国司法部对《联邦电信法》做出新的解释，才算是对互联网彩票松了绑。新的司法解释出台后，美国各州纷纷为互联网售彩做准备，制定和出台相关法规。有的州采取了互联网彩票模式，就是通过互联网销售彩票（online lottery）；有的州则采取了互联网博彩模式（iGaming、eGaming、Internet gaming或Online gaming），不仅包括传统的电脑彩票，还包括体育竞技彩票和较新型的网上博彩游戏。就采取互联网彩票模式的州而言，目前仅有伊利诺伊州、佐治亚州、明尼苏达州和密歇根州真正实现了互联网销售，另有三个州已经通过了法令但尚未开始销售，分别是纽约州、北达科他州、弗吉尼亚州。据“新浪彩通”统计，世界多数地区还未放开互联网彩票。

互联网、移动通信技术的发展不可逆转，而彩票消费者群体渐趋年轻化，网络化生存将成为未来年轻消费者群体的重要特征。可以预见，互联网彩票的前景依然值得期待。从我国来看，如果从2001年算起，尽管经历了数次放开与叫停的摇摆，乃至现在仍处于叫停状态，但这并不意味着我国相关部门对互联网彩票的否定，而是希望它更加规范化地发展。因此，在“互联网+”的时代背景下，互联网彩票在我国必然会再次回归，其规模和影响或许会更大。

5 负责任彩票与我国互联网彩票发展的策略

总体而言，我国彩票发行有三个目的：筹集公益金，支持社会公益事业发展；丰富群众娱乐生活，促进社会稳定和谐；遏制非法赌博活动，促进社会文明进步（王海燕，2009）。而从社会责任的角度来看，吴殷、李海（2012）认为，体育彩票社会责任是指我国体育彩票机构对包括购彩者、销售人员、政府部门、社区媒体、供应商、其他利益相关者的综合性责任，即慈善责任、伦理责任、法律责任和经济责任。综上所述，笔者认为，无论是互联网彩票还是传统彩票，必须在承担社会责任的基础上，实现彩票发行的目的。我国互联网彩票发展中暴露出的问题，尽管有些可能并未影响彩票发行的目的（如互联网彩票带来的公益金分流），但不符合彩票社会责任的要求。

“互联网+彩票”本质上是对传统彩票的彩种和渠道的一次互联网改造，互联网因其天然社交属性、传播的无界性和便利性、消费的低门槛性，必然推动传统彩票全产业链生产、流通和消费三个环节的全面变革。因野蛮生长、乱象频出而遭遇停售后，我国互联网彩票到底要如何发展，笔者尝试从负责任彩票的视角给出以下策略：

（1）完善机构体系，强化监管责任。互联网彩票因其虚拟性特点，监督管理难度更大，社会责任要求更高。对于我国互联网彩票的发展，监管不到以及监管不到位都是引起问题的原因。监管不到可以考虑两个方面的策略：一是制度层面；二是技术层面。在制度层面，由于互联网彩票已经推动了彩票产业链上、中、下三个环节的变革，现有制度已无法满足互联网彩票发展的需要，必须从彩票产业发展战略的高度出发，检视当前我国彩票产业制度（尤其是互联网彩票制度）的缺陷，结合近期与远期形势制定权威性的法律法规，明确彩票生产、流通、消费环节相关主体应该具备的资质、相应的资金实力、技术水平、各自的权责和义务等，做到互联网彩票业务各环节法律法规全覆盖。在各项制度中，对资质的重视又显得尤为重要。以意大利为例，在意大利，想获得网络彩票授权，需要具备以下资质：第一，在过去两年中运营博彩收益超过150万欧元；第二，有高效的专用IT系统；第三，建立链接数据处理系统和财政部中心系统的网络系统；第四，10万欧元的保证费用，保证支付有关奖金。如果奖金不能支付，财政部可以支付，但会收回认证。除了制度之外，也需要根据监管制度的要求调整或设立相关的监管机构，使制度能够落到实处。在技术层面，由于一些彩票销售网站试图通过技术手段规避监管，因此，必须改进我国互联网彩票的交易及监管系统。从交易系统来讲，以前互联网彩票网站所采用的代购模式必须淘汰，任何彩票销售机构的交易必须直接指向官方彩票数据库，不能有任何中间环节（陈煊，2014）；不同网站可以有不同的风格，但每笔交易官方数据库都会记录，以杜绝舞弊吞票的可能性。对于监管不到位的问题，则必须对监管过程中出现问题的相关人员进行问责、惩处，杜绝有法不依、执法不严现象的出现，维护监管机构和制度的权威性，维护互联网彩票的声誉。

（2）强化互联网彩票发展中的社会责任。尽管从表面上看很容易实现彩票发行的目的，但目的的实现并不一定表示彩票业承担了自己的社会责任。因此，如果我国重启互联网彩票，必须考虑互联网彩票的综合社会责任。如前所述，互联网彩票的发展很可能带来问题购彩者数量的增加，亦可能出现未成年人购彩等问题。在发展互联网彩票过程中，对购彩者的保护必须得到关注。除了采取措施限制非理性投注、未成年人投注外，还需要考虑设立问题购彩者的辅导、救助机构，给予问题购彩者足够的关注。在此方面，我们可以借鉴国外的一些做法和经验。例如，意大利合法的网络彩票公司有保护玩家免受欺诈、防止过度博彩的义务。网络彩票公司通过利用相关数据库信息验证、核查购买者的ID（显示玩家年龄），利用系统控制信用卡投注，限制游戏时间和花费金额等方式达到保护玩家的目的。再以芬兰为例，为了防止未成年人购彩，网络彩票玩家需要到芬兰国家彩票公司网址注册个人信息，而后还需通过芬兰人口注册中心认证。为了方便玩家约束自己的购彩行为，玩家还可以输入每日、每周、每月的投注上限，甚至可以申请长期禁令，停止自己的购彩行为。这种禁令一旦设置，便在规定的时间内无法取消，而且玩家不能通过更改银行账户信息获得“解禁”。

除此之外，网络博彩监管机构还需要对彩票的销售宣传、广告信息进行相应的规范和限制，鼓励理性博彩类的公益宣传和广告活动。同时，对获得彩票销售资质的公司、网站等信息，要以多种途径让购彩者掌握，使信息尽可能公开、透明，避免非法彩票网站鱼目混珠。

（3）理顺关系，分清公益金归属。导致互联网彩票乱象的另一个重要原因是彩票公益金的归属问题。为解决此问题，通常的做法是根据购彩者的身份证或银行账号所在地（姜华山，2015），或者购买彩票时的IP地址判定（陈煊，2014）。总而言之，该问题亦完全可以通过技术或者管理手段加以解决。

参考文献

［1］陈煊．互联网彩票销售存在的问题与应对之策［J］．改革与开放，2014（1）：61-62．

［2］王长斌．我国的互联网彩票：经营模式发展策略与管制框架［J］．财经论丛，2016（2）：105-112．

［3］王海燕．体育彩票市场营销策略研究［D］．北京：中国人民大学商学院，2009．

［4］吴殷，李海．我国体育彩票社会责任评价指标体系的构建［J］．上海体育学院学报，2012（1）：19-22．

［5］中信证券．互联网彩票行业专题研究报告［EB/OL］．（2016-04-26）．http：//blog.sina.com.cn/s/blog_507de1780102wxtw.html．

The Research on the Development Strategy of Responsible Lottery and Online Lottery in China

Ji Chunli

（Gaming Teaching and Research Center，Macao Polytechnic Institute，Macao）

Abstract: The development of Internet lottery in China is chop and change. Now，it is still illegal to sell lottery through Internet. However，China has put forward the “Internet Plus” plan，the Internet lottery will come back necessarily in the future. The focal issue is how to develop the Internet lottery industry in China. This study reviewed the development history of Internet lottery in China and elaborated the problem existed in the Internet lottery industry. Based on the analysis for the Internet lottery prospect and social responsibility of lottery，this study gives some suggestions for the future development of Internet lottery in China.

Key Words: Internet Lottery，Development Strategy，Responsible Lottery，Suggestion

彩票伦理学的问题域①

冯百鸣

（河南财经政法大学彩票研究所，郑州，450046）

摘　要： 彩票伦理学属于应用伦理学的分支。国内外彩票理论界关于彩票与伦理的关系已经有了多方面的研究，但是尚未形成系统学说。在此基础上，本文系统论述了彩票伦理学的研究框架，探讨了彩票伦理学研究的问题域，阐述了彩票伦理学的研究意义。

关键词： 彩票伦理学　彩票伦理学问题域　彩票正义论

1　彩票伦理的研究现状述评

1.1　彩票伦理的国外研究现状

国外彩票理论界关于彩票所涉及的伦理问题研究内容比较广泛，主要视角有四个方面：

一是国外将政府彩票融资作为“隐形税收”进行研究从而考察其公正性的问题，如Brinner和Clotfelter（1975）用美国马萨诸塞州、康涅狄格州、宾夕法尼亚州等州际汇总数据统计得出，低收入家庭购买彩票支出占家庭收入的比例高于高收入家庭；Miyazaki（1998）在对美国俄勒冈州等六个州的彩票融资作为“隐形税收”公平性的研究中，利用郡一级的数据构造出各州彩票销量和可支配收入的“洛伦兹曲线”，计算出这些彩票作为“隐形税收”的“Suits指数”（Suits，1977），发现各州彩票融资的累退性随时间不同有所变化。

二是研究了彩票和赌博的关系，比较典型的是Kearney（2005）的研究，数据表明，家庭彩票支出的资金主要来自减少非赌支出，而不是其他形式的赌博支出减少。这说明彩票业的发展并不意味着赌博的减少。

三是关于彩票正义性的理论研究，如Peter Stone（2007）就讨论了为什么彩票是公正的问题。

四是关于问题博彩者的研究，国外有大量的文献研究，如汗牛充栋，这里不

① 民政部2016年度政策理论委托课题“彩票伦理学论纲”（项目编号：2016MZRL010705）。

一一赘述。

此外，还有少量文献涉及有关彩票营销伦理，如关于彩票广告与促销的伦理问题。

1.2 彩票伦理的国内研究现状

国内关于彩票涉及的伦理问题研究主要集中在三个方面：

一是关于彩票的公平与正义问题。金世斌（2007）认为，彩票的公平与正义主要有三个方面，即起点——机会公平，过程——程序正义，结果——分配正义。张向达（2008）则对我国彩票公益金的使用进行国际比较后得出结论，我国彩票公益金分配在一定程度上偏离了正义性目标，可行的修正方式是通过教育彩票加强对教育领域的投入，以更好地实现公益金的价值并增强彩票行业发展的基础。李刚（2014）利用中国各种类型彩票的省级销量以及其他经济和人口等数据，采用Suits指数并辅以收入弹性，考查了中国彩票业的销售公平性，依次为竞猜型>乐透型=即开型>视频型>数字型，与国际总体情况相一致。詹志斌（2011）通过分析我国彩票融资对居民收入的影响，就如何促进政府彩票融资的公平性提出了政策建议。申卫平和齐志（2009）认为，由于彩票公共性本质属性的缺失，我国的彩票公益金发展仍然不尽如人意。只有改革我国现行彩票公益金管理模式，复归彩票公益金公共性本质属性，才能促进我国彩票公益金事业的发展。此外，刘寒波与苏知立（2003）也对彩票公益金的管理进行了国际比较研究。

值得注意的是，冯百鸣（2015）在研究报告《福利彩票正义性研究》中系统提出了彩票正义论，并为此构建了彩票正义性的四条基本原则，即自主选择原则、公平公正原则、适度发展原则和公益性原则。彩票正义性原则的提出，从理论上为建立我国彩票伦理学奠定了坚实的基础。

二是关于问题购彩者的研究。陈海平（2015）2011年对中国问题购彩者的流行率进行了网络调查，按照国际上严标准的DSM-Ⅳ来估计，大约是4.2%。李海等（2012）对体育彩票的问题购彩者进行了调查；史文文（2009）则对问题购彩者的购彩决策模型进行了研究，探讨了进行干预的相关策略；张军彦、高文彬（2009）使用福利彩票的购彩者样本对影响购彩成瘾的影响因素，如年龄、职业、教育程度、性别以及购彩年限等进行了研究。

三是关于彩票社会责任的研究。一是一些研究机构开始重视对这一问题的研究，如益彩基金出版的《中国彩票发展报告（2015）》和田书斌主编的《中国彩票蓝皮书（2016版）》均重点阐述了中国彩票业的社会责任问题。二是国内一些省级彩票机构开始发布社会责任报告。例如，湖南省福利彩票发行中心率先发布了《2014年度湖南省福利彩票社会责任报告》，广东省也发布了《2016年度广东省福利彩票社会责任报告》。

总体来说，国内外的研究已经涉及了彩票伦理的许多方面，但是，研究的视野还不够宽，研究缺乏深度和系统性，这就为本文的研究埋下了伏笔。

2 彩票伦理学的研究框架

彩票伦理学是一门新兴学科，也是一门应用学科。目前无论是国际上还是国内的彩票理论研究，虽然已经涉及了有关彩票伦理的许多问题，但是都没有把彩票伦理作为一个学科进行研究。因此，我们提出建立彩票伦理学这门学科就十分必要了。我们认为，彩票伦理学研究的主要框架或者说彩票伦理学的问题域至少应该包括以下10个方面的内容：

2.1 彩票伦理学的学科性质以及研究对象

关于彩票伦理学的学科性质，毫无疑问这是一门关于彩票所带来的伦理问题的学问，应当是应用伦理学的一个分支。同时，彩票伦理学的研究对象包括彩票伦理的基本概念、彩票伦理学的基本问题、彩票伦理学公理、彩票正义论以及彩票社会责任、彩票职业道德、彩票营销伦理等诸方面。此外，彩票伦理学还涉及问题博彩、彩票公益金的分配正义问题以及彩票与慈善的关系问题。

2.2 彩票伦理学的基本问题

哲学有哲学的基本问题，即世界是物质的还是意识的。作为应用伦理学的一个分支，就像哲学有自己的基本问题一样，彩票伦理学也有自己的基本问题。彩票伦理学的基本问题就是：彩票发行究竟是为了公益事业还是为了满足人们博彩的娱乐需要？对此问题的回答构成了彩票伦理学的基础。

2.3 彩票伦理学公理

就像元伦理学对于规范伦理学的批判一样，在伦理学中，有些概念是不能够定义的，如“善”的概念。就像摩尔所认为的那样，“善”是一个最简单的概念，也就是说它是一个不能进行具体分析、明确定义的概念。同样，彩票伦理学也有一些不言自明的公理。公理一：博弈是人类的天性；公理二：博彩是人们娱乐的工具。

2.4 彩票正义论

彩票是人类社会特殊的经济制度设计，它将人们的博彩欲望与公益事业连接起来。国内外关于彩票的公平与正义已经有了许多有益的讨论，但是缺乏系统性的论述。当代伦理学的发展主要在四个方面进行研究，形成了尊重自主原则、行善原则、不伤害原则和公平正义原则，这可以看作伦理学研究的范式。我们以此为基础，系统地构建了彩票正义性理论，提出了彩票正义性的四原则：自主自愿原则、公平公正原则、适度发展原则和分配正义原则。

2.5 彩票社会责任

彩票是一种特殊的经济制度设计，又是特殊的市场结构，具有政府管制和市场化的二重性。彩票的发行涉及千千万万民众，必然会带来一系列社会问题，彩票业的社会责任问题必然随之而产生。彩票业的社会责任不同于一般企业的社会责任，具有特殊的含义。世界范围内的彩票社会责任体系研究和建设已经有十几年的历史，我国的彩票社会责任体系近几年也开始建设。严格来说，我们提出的彩票正义性是彩票社会责任体系建设的理论基础，而彩票社会责任体系则是彩票正义性的具体展开。

2.6 彩票职业道德

彩票职业道德是社会一般道德要求在彩票领域的具体体现，直接反映了社会道德要求和道德风貌。彩票职业道德是社会主义职业道德的重要组成部分，主要研究彩票领域中彩票工作者的职业操守和基本道德要求，揭示彩票职业道德的基本特征和结构要素，进一步推进社会主义彩票职业道德的建设和完善。

2.7 彩票营销伦理

彩票市场是一个特殊的市场，它是由千千万万个彩票消费者构成的。彩票发行固然需要营销，但是这种营销又不同于企业一般产品的营销，它不以盈利为目的，而是为了促进彩票事业的和谐发展，满足人们的合理性娱乐需求，对社会财富进行再分配。因此，彩票的营销过程必然涉及许多伦理学问题，如彩票的营销哲学、彩票产品的设计理念、彩票产品的公正性、彩票的渠道布局、彩票营销沟通尤其是彩票促销和彩票广告等。

2.8 问题博彩与彩票伦理

问题博彩是近几年来彩票理论界高度重视和积极研究的课题之一。彩票的本质是有限度的博弈，我们提出的彩票正义性的第三条原则——适度发展原则是指导彩票事业健康发展的核心理论，所有与问题博彩有关的问题几乎都与彩票的适度发展有关。问题博彩主要是指购彩成瘾给购彩者带来的一系列经济、心理、人际关系等方面的负面效应。与问题博彩相关，彩票的发行还带来另一个重要问题，即所谓的彩票正义性悖论。也就是说，世界上所有国家和地区发行彩票的目的都是发展公益事业、帮助弱势群体或者贫困群体，但是，国内外已有很多研究表明，贫困群体购买了更多的彩票。如何解决彩票发行的正义性悖论已经成为一个世界性难题。

2.9 分配正义与彩票公益金

中国彩票公益金的使用应当体现公平与正义，应当投向中国社会中最贫困和最弱势的群体，这是彩票正义性最根本的要求。例如，对中国农村老人的养老救助、农民工的社会保障救助、重大自然灾害赈灾、中国贫困群体的大病救助以及改变和提升“老、少、边、穷”地区的教育水平等都是中国彩票公益金应该支持的方向。此外，还应该加强对公益金项目的遴选和后期管理，做到公开、透明，让全社会进行监督。如果做到了这一点，中国的彩票事业就能够真正成为广大人民群众积极参与的公益事业。

事实上，中国彩票公益金的使用存在许多缺陷，主要体现在中央彩票公益金的使用和一些专项彩票公益金的使用上，从彩票伦理的角度看，其分配的根据是有悖于彩票正义性的。

2.10 彩票中的公益与慈善

2016年3月16日，第十二届全国人民代表大会第四次会议通过《中华人民共和国慈善法》，于2016年9月1日起实施。该法通过后，有关人士在解读相关问题时指出，人们购买彩票不属于做慈善。此言一出，立即引起国内媒体和彩票学术界的争议。如何看待彩票中的公益？如何看待慈善？彩票的公益与慈善到底是一种什么关系？这些问题关系到彩票伦理，不妥善解决就不能很好地促进中国彩票事业的发展。因此，有必要对“彩票非慈善论”展开争鸣和学术批判。

以上10个方面虽不能构成彩票伦理学的全部，但是已经涵盖了彩票伦理学最重要的部分，是值得彩票伦理学家研究的方向，这也是本文的主要任务。

3 彩票伦理学的研究意义

彩票伦理学就是从伦理学的角度分析和解决彩票发行中的道德问题，系统、全面、深入地研究彩票领域的伦理问题，开辟了应用伦理学研究的新领域，提供了彩票理论研究的新视角，是全方位研究彩票问题的重要理论分支和参照体系，对于中国彩票事业的健康发展具有重要的学术价值和实践意义，主要体现在以下三个方面：

第一，构建彩票伦理学理论体系的基本框架本身就是对应用伦理学的贡献，无论在国内还是在国外伦理学界，20世纪70年代，现代伦理学开始向应用伦理学发展，出现了应用伦理学的许多分支。但是，彩票伦理学尚未建立起来，许多关于彩票伦理的研究都是局部的、不系统的。

第二，本文提出了彩票伦理学的基本研究范式和基本原理，在理论上具有指导彩票实践的作用，对彩票发行机构和彩票监管机构树立正确的中国彩票事业发展理念具有重要的指导意义。在中国彩票事业发展过程中，很多问题都是由于缺乏正确的彩票伦理理论引起的。

第三，彩票伦理与中国彩票的产生和发展有着千丝万缕的联系。中国的传统道德一向反对赌博，但是，彩票将有限的博弈同公益事业相结合，这就为彩票这个西方舶来品在中国的产生和发展找到了契合点。中国彩票目前存在的重大问题是只有少数人购买彩票，大多数人对于彩票还是避而远之，人们对公益彩票的认知存在伦理上的偏差，这对于公益彩票的发展是不利的，需要我们认真研究。

参考文献

[1] Kearney. State Lotteries and Consumer Behavior [J]. Journal of Public Economics, 2005, 89: 2269 - 2299.

[2] Wood, Griffiths. Adolescent Lottery and Scratchcard Players: Do Their Attitudes Influence their Gambling Behaviour? [J]. Journal of Adolescence, 2004, 27: 467 - 475.

[3] Lam. An Exploratory Study of Gambling Motivations and Their Impact on the Purchase Frequencies of Various Gambling Products [J]. Psychology & Marketing, 2007, 24: 815 - 827.

[4] Bruynee, Dewitte, Franses, et al. Why Consumers Buy Lottery Tickets When the Sun Goes Down on Them: the Depleting Nature of Weather-Induced Bad Moods [J]. Advances in Consumer Research, 2006, 33: 46 - 47.

[5] 卢坡尔. 伦理学导论 [M]. 陈燕，译. 北京：中国人民大学出版社，2008.

[6] 何怀宏. 伦理学是什么？[M]. 北京：北京大学出版社，2002.

[7] 向玉乔. 西方元伦理学解析 [J]. 南昌大学学报：人文社会科学版，2005 (6): 25-31.

[8] 金世斌. 彩票的公平与正义 [J]. 体育科学，2007，27 (5): 56-61.

[9] 张向达. 彩票公益金价值的正义性分析——兼论教育彩票的必要性 [J]. 伦理学研究，2008 (9): 46-50.

[10] 李刚. 中国彩票业的销售公平性研究 [J]. 上海师范大学学报：哲学社会科学版，2014 (11): 102-110.

[11] 詹志斌. 政府彩票融资对居民收入影响的公平性分析 [J]. 南方金融，2011 (12): 89-95.

[12] 申卫平，齐志. 我国彩票公益金公共性本质与管理模式优化 [J]. 改革，2009 (6): 67-75.

[13] 史文文，王斌，等. 问题彩民的购彩心理与行为特征 [J]. 心理科学进展，2012 (6): 34-40.

[14] 张军彦，高文斌. 中国购买者的成瘾倾向 [J]. 中国心理卫生杂志，2009 (5): 45-51.

[15] 冯百鸣. 互联网彩票：发展机遇还是潘多拉盒子？[J]. 中国经济周刊，2014 (8): 24-28.

[16] 冯百鸣. 彩票正义论中的适度原则 [J]. 国家彩票，2015 (6)：13-16.
[17] 冯百鸣. 彩票消费与宏观经济相关性的实证研究 [J]. 经济经纬，2010 (9)：30-36.
[18] 冯百鸣. 福利彩票正义性研究 [R]. 北京：民政部，2015.

Ethics of Lottery: Research Subjects and Domains

Feng Baiming

(Lottery Research Institute, Henan University of Economics and Law, Zhengzhou, 450046, China)

Abstract: As a branch of applied ethics research, the relationship between ethics and lotteries has received research attention from scholars internationally. However, a systematic analysis of the subjects and domains is yet to be established. Based on a review of literature, this present study discusses popular domains of research on ethics of lottery and discusses the importance of such research. Finally, this study establishes a research framework for future studies based on its discussion.

Key Words: Ethics of Lottery, Research Subjects and Domains, Justice of Lottery

中国彩票社会责任体系的构建

苏国京

（北京社会管理职业学院民政管理系，北京，101601）

摘　要： 通过对彩票法律法规的完善，彩票游戏品种的创新、改良，新媒体策略的完善，问题彩民的预防，彩票参与者社会责任的积极引导等诸多方面采取多种措施联动推进，构建中国彩票社会责任体系。

关键词： 彩票　社会责任　构建

1　社会责任的内涵

谈及彩票社会责任之前，我们必须先了解一下什么是社会责任。社会责任就是一个组织对社会应负的责任。一个组织应以一种有利于社会的方式经营和管理。社会责任通常是指组织承担的高于组织自己目标的社会义务。如果一个企业不仅承担了法律上和经济上的义务，还承担了“追求对社会有利的长期目标”的义务，我们就说该企业是有社会责任的。在国际标准 ISO 26000 的解释中，社会责任是指“组织通过透明的、合乎道德的行为，为其决策和活动对社会和环境的影响而承担的责任。这些行为，贡献于可持续发展，包括健康和社会福利；考虑利益相关方的期望；遵守适用的法律，并与国际行为规范相一致；全面融入组织，并在其关系中得到实践”。在国际标准 ISO 26000 发布前，社会责任大部分是指企业社会责任；而在 ISO 26000 发布后，企业社会责任推广到了社会责任，使得以往只针对企业的社会责任指南扩展到适用于所有类型的组织，同时扩大了社会责任的内涵。

2　彩票社会责任

2.1　什么是彩票？

在定义彩票社会责任之前，我们应先对彩票的定义有一个了解。什么是彩票？目前，人们对彩票的定义是模糊的。只有《彩票管理条例》中对彩票有一个概念上的定义：彩票，是指国家为筹集社会公益资金，促进社会公益事业发展而特许发行、依法销售，自然人自愿购买，并按照特定规则获得中奖机会的凭证。彩票的属性是什么？彩票如何分类？我国的法律法规并没有做出任何解释。彩票具有公益属性，不管是福彩还是体彩，尽管在名称和玩法上各不相同，但其重要功能之一就是募集福利资金，发展慈善事业。这也决定了各类彩票发行工作必须坚持以公益为主导的原则。同时，彩票具有博弈性，这是不能否认的。在中国，彩票是依法、特许发行的，唯一合法的博彩形式。

2.2 彩票社会责任

彩票社会责任应该是所有彩票参与者的社会责任。彩票参与者不仅包括购买彩票的人（俗称彩民或彩票玩家），还应当包括彩票监督、管理、发行、销售、服务的机构和群体，以及相关的行业服务机构和个人等。只要是在彩票产业链中的人，都可以称为彩票参与者。

彩票社会责任根据主体和涵盖范围不同，会有一定的差异。彩票发行、销售机构的社会责任和彩票监督、管理部门的社会责任就是完全不同的两个范畴。比如，彩票公益金的使用情况公示就应该是彩票监督、管理部门的职责，而发行、销售机构是无权发布的。

2.3 负责任彩票和负责任博彩

除传统意义上的社会责任之外，彩票社会责任中还应该包含一个很重要的理念——负责任彩票，也可以称为责任彩票。负责任彩票理念借鉴了国际博彩业中“负责任博彩”的概念。下面我们对“负责任博彩”一词进行简单的阐述。

负责任博彩是指在适度监管的环境下，博彩者在参与博彩时不会对本人、家人、亲人、其他博彩者、娱乐场所员工的安康构成威胁，或给本地区及博彩者原居地带来负面的影响。换句话说，负责任博彩是把博彩行为引致的危害减到社会可接受的水平。为达到这个目标，政府、博彩者及其亲友、博彩营运商、问题赌博防治机构、教育及其他小区团体要共同承担责任，以确保博彩者的博彩决定是在知情的情况下做出的，且博彩行为对其个人、亲友以及社会都是负责任的。在负责任博彩理念下，博彩企业应当对其经营过程中可能造成的社会负面影响负责。例如，对在物质或精神上受到极大伤害的赌徒进行治疗和帮助；成立专业机构或者赞助学术、医疗机构进行问题赌徒的专门研究等。当然，作为赌客，在赌博行为发生前，要了解自己行为可能产生的后果，而社会公众则应理性看待博彩企业的经营和赌客参赌的各种行为。负责任博彩其实就是在博彩企业、赌客、公众和政府之间寻找和建立一种平衡。责任彩票应该很好地学习和借鉴负责任博彩所倡导的这种理念，通过建立和推广负责任彩票理念去完善中国彩票社会责任体系的建立。

3 中国彩票社会责任体系的构建

中国彩票社会责任体系的构建应当从以下六个方面来进行：

第一，从国家层面来看，我们必须完善彩票业的相关法律法规，使彩票业能在健全的法律法规的制约、保障和规范下健康发展。全球140多个开办彩票的国家和地区都有独立的彩票法，且条例繁多、内容详细。而中国彩票从出现至今已有30年，只有一部2009年才开始实施的《彩票管理条例》。迟迟推出的《彩票管理条例》中的很多内容已经无法跟上时代的步伐，急需全面完善或重新制定，这是当务之急。制定一部符合社会需求的彩票法需要全国人大和彩票监管发行及各相关部委的共同努力，彩票法的出台任重而道远。

第二，从彩票机构层面来看，我们应从对游戏品种的设计、发行、销售、监管，对彩票参与者的保护，对彩票的公益属性，对彩票的认知宣传等方面着手，积极推动彩票业健康有序发展。

彩票所产生的负面问题，很多是源自彩票游戏本身设计的缺陷。作为彩票监管部门的财政部、国家体育总局、民政部，还有两大发行机构——中国福利彩票发行管理中心和国家体育总局体育彩票管理中心，应当重视彩票游戏品种的设计和开发工作；应当向彩票购买者提供更多的权益保护；应当对彩票公益性的宣传进行积极的、有实质性的推动。广大民众表现出的对彩票的质疑、对彩票公益属性和各方面认知的匮乏，直接反映出有关部门在宣传等方面的工作做得还远远不够。

第三，从彩票玩家角度来看，玩家应对彩票有进一步的了解，也要有自我学习过程。玩家应了解自己购买的彩票品种是什么、中奖率有多高，清楚自己购买彩票的目的是什么。玩家要调整好自己的心态，再参与到彩票游戏中来。

第四，从舆论媒体的角度来看，媒体应对大众进行正确的引导和监督。媒体对于彩票业的宣传导向至关重要。不管是福彩还是体彩，尽管在名称和玩法上各不相同，但最终目的都是募集公益资金，发展慈善事业。所以，对彩票的宣传应坚持以“公益”“娱乐”为主，“中奖”为辅。我们欢迎媒体的监督和质疑，但前提是媒体了解真相后再进行评论和转载。近年来，为了提高关注度和点击量，媒体对于彩票业的报道实在是令人忧心；大打折扣的彩票业公信力，也让背后的彩票福利事业的形象大为受损。当然，彩票机构应该主动和媒体建立完善的沟通机制，配合媒体对彩票行业做出真实、正确的宣传报道。

第五，从公共健康的视角去检视彩票社会责任。基于健康视角的观察和研究发现，大部分彩票购买者是可以从购买彩票这一行为中体验到乐趣和希望的，然而当这种乐趣和希望被忽略、扭曲后，就出现了问题赌徒或问题彩票玩家。“问题赌徒”一词来自国外学者对于赌徒的生理方面的研究成果。研究学者发现，一部分赌徒的身体里含有一种远高于普通人的激素，而正是这种激素令这些赌徒的生理赌博成瘾性远高于普通人。这也就是为什么在彩票购买者中会有非理性人群存在的原因。澳门理工学院曾忠禄教授提出，我们可以从公共健康和心理卫生等方面去研究彩票玩家的心理，可以用药物或心理疏导、社会干预等外界辅助的方式来救助成瘾玩家。

第六，世界各国在发行彩票时均以责任、理性立足。彩票机构应把彩票的公益使命与社会责任结合起来，达成一种微妙的平衡。只有当彩票玩家或社会公众在提起彩票时，想到的不仅是“中大奖”抑或彩票博弈属性的负面性，也能感知到彩票为我们带来的娱乐性和公益性，这才是彩票业健康发展的积极信号，是中国彩票社会责任体系构建的良好开端。

参考文献

孙凯琳.企业社会责任主题——指数化投资的新方向［EB/OL］.（2012-10-24）. http：// www.yicai.com/news/2183005.html.

Building Social Responsibility System for Lottery Industry

Su Guojing

（Beijing Social Administration Vocational College，Beijing，101601，China）

Abstract： Building China lottery social responsibility system through various means such as the improvement of lottery laws and regulations，the innovation and optimization of the lottery game types，the new media strategy improvement，the precaution of problem lottery buyers，the positives guidances of lottery participants towards social responsibility.

Key Words： Lottery，Social Responsibility，Building

基于金字塔模型的彩票社会责任研究

何　云

（中山大学，广州，510275）

摘　要： 彩票作为一种特殊的经济手段和文化现象，是中国慈善事业的重要组成部分。在重视彩票业效益的同时，也必须强调发展彩票业所肩负的社会责任，使彩票的公益性充分体现出来。本文对彩票在前进与发展中面临的社会责任问题进行了研究，首先分析了彩票发展的现状，指出彩票业在社会责任方面存在的问题；然后引入企业社会责任的概念以及金字塔模型；最后基于金字塔模型，对彩票社会责任的发展提出了建议。

关键词： 彩票　金字塔模型　彩票社会责任

1　引言

彩票是以抽签给奖方式进行筹款或敛财所发行的凭证，具有丰富的经济功能和社会功能。彩票不仅能刺激消费，有效拉动经济增长，还成为国家回笼资金、有效进行第三次分配的重要手段，是国家增加税收、促进就业、实现社会公益的重要渠道，带动了相关产业的发展，维持了社会经济的稳定。彩票还有利于满足人们的文化娱乐需求，改善人们的文化娱乐方式，引导人们热心公益事业；此外，彩票还促进了公益事业的发展，促进了社会公平，维持了社会秩序的稳定。

彩票业在发展过程中也伴随着一系列问题，如彩票作弊、彩票发行腐败以及人数愈来愈多的问题购彩者，这些问题的存在是与彩票的发行宗旨相违背的。在彩票业日益发展的今天，如何保证彩票健康、可持续发展，达到社会责任与经济目标之间的平衡，是十分重要的。当前，社会责任已经引起了彩票机构的重视，我们应该考虑如何将社会责任与彩票的发展相结合，有效利用彩票工作实现社会责任，将彩票工作与社会公益更加紧密地结合起来，让彩票通过践行社会责任体现其存在的价值。本文的主要目的是研究和探讨中国彩票的社会责任问题，通过研究中国彩票的发展特性与企业社会责任的概念以及金字塔模型，结合当今经济社会形势，分层次探讨彩票业如何履行社会责任，为中国彩票社会责任的实施与改进提供理论指导和帮助。

2　彩票社会责任现状及存在的问题

2.1　彩票社会责任现状

彩票起源于欧洲，1530年在意大利佛罗伦萨开始发行，随后在欧洲各国相继发行，继而传入亚洲和美洲各国。为了筹集社会公益资金，1987年我国第一个全国性专业彩票发行管理机构——中国社会福利有奖募捐委员会（后更名为中国福利彩票发行管理中心）成立，1994年我国体育彩票管理中心（后更名为国家体育总局体育彩票管理中心）正式成立。随着2009年《彩票管理条例》的颁布实施，福利彩票和体育彩票成为我国现行最主要的两大类彩票形式。

现在，中国彩票业已经取得了空前的发展。2015年，全国彩票销售额达3 679亿元，筹集到的社会公益金突破1 000亿元大关，彩票业正在飞速发展着。发行彩票的宗旨是以公平、公正、公开的方式筹集公益金，补充财政资金所不能覆盖的领域。彩票的发行以及彩票为大众所接受是建立在诚信基础之上的，彩票本身是以公益为目的的，它承担着巨大的社会责任。

2.2　彩票社会责任方面存在的问题

一方面，彩票不仅可以刺激消费，也是分配社会收入的一种手段，并且有增加税收、增进就业、促进社会公益事业发展等作用；另一方面，彩票业的飞速发展伴随着一些背离彩票社会责任的现象，主要包括以下几种：

2.2.1　滥用彩票公益金

彩票公益金的使用与管理显示了彩票践行社会责任的能力，是彩票公信力的体现。不可否认，彩票公益金在很多地区仍然不能专款专用，被截留、挪用、挤占现象时有发生。例如，2015年6月审计署透露，抽查2012—2014年18个省（市、区）彩票资金共658.15亿元，查出虚报套取、挤占挪用、违规采购、违规构建楼堂馆所和发放津贴补助等违规金额169.32亿元，即超过1/4的被审计资金存在问题。现行彩票发行费管理不规范、制度不完善，大大影响了彩票机构财务管理的安全和效率。彩票公益金的管理不规范，这对中国彩票在实现经济功能的同时承担社会责任有较大影响。

2.2.2　私彩

私彩是指私人坐庄，由个人或组织发行，以诈取钱财为目的的非法彩票。彩票区别于私彩的一个重要因素就是彩票发行是为了公益事业，而私彩的发行是以赚取高额利润为目的。私彩是国家明令禁止的一种违法行为。在我国某些偏远的村落，私彩盛行，严重影响社会的稳定。

2.2.3 问题购彩者

问题购彩者是指因购买彩票而对个人、家庭、组织及社会层面产生不良影响的一类购彩者。部分购彩者因对彩票返奖规律产生错觉，在投机心理的作用下，超出个人经济承受能力购买彩票。根据北京师范大学中国彩票研究中心发布的《购彩者行为网络调查》，我国的购彩者有3亿人左右，每人每月平均花在彩票上的投资为85元。在众多购彩者中，至少有100万人是问题购彩者。近年来，因为购彩而不惜以身试法，甚至盗窃金库、贪污公款的案件经常发生。这类畸形的心态、不法的行为给当事人家庭和社会带来严重的危害。问题购彩者对社会和谐稳定的危害性极大，对彩票形象的破坏性极大。能否有效抑制问题购彩者的出现是彩票健康发展的重要标志，彩票发行机构需要采取措施，积极防止和解决这些问题。

2.2.4 彩票舞弊

彩票是公平、公正、公开的，但是近年来相继发生的“扬州彩世塔案”、“贵州彩票爆炸案”和“西安宝马案”等重大彩票舞弊案，以及“双色球开奖录像补拍事件”，明显考验着社会公众对彩票的信心。

随着彩票业的发展，彩票发行会对社会产生一些负面效应，前文所述的负面效应并不能涵盖所有不负责任的彩票发行行为及其带来的影响。另外，彩票社会责任是指彩票业对包括购彩者在内的利益相关者的综合性责任，为了全面分析彩票的社会责任，笔者引用社会学中社会责任金字塔模型，以期对彩票的社会责任进行有层次的分析和全面的概括。

3 基于金字塔模型的彩票社会责任发展建议

“社会责任”概念源自“企业社会责任”，为了进一步探讨社会责任的内涵，有必要对企业社会责任进行简单阐释。

“企业社会责任”概念最早见于英国学者Oliver Sheldon（1924）的论著，他认为，企业不仅要满足自身的目标，还要满足社会的目标。卡罗尔在此基础上提出企业社会责任金字塔模型（如图1所示），将企业社会责任分为四个层次：经济责任是基本责任，处于最底部；消费者期望企业遵守法律，法律是社会关于可接受和不可接受行为的法规集成，法律责任处于第二层；第三层是伦理责任，企业有义务去做那些正确的、正义的、公平的事情，还要避免或尽量减少对利益相关者的损害；最上层是公众希望企业成为一位好的企业公民，企业要履行慈善责任，为社区生活质量的改善做出财力和人力资源方面的贡献。

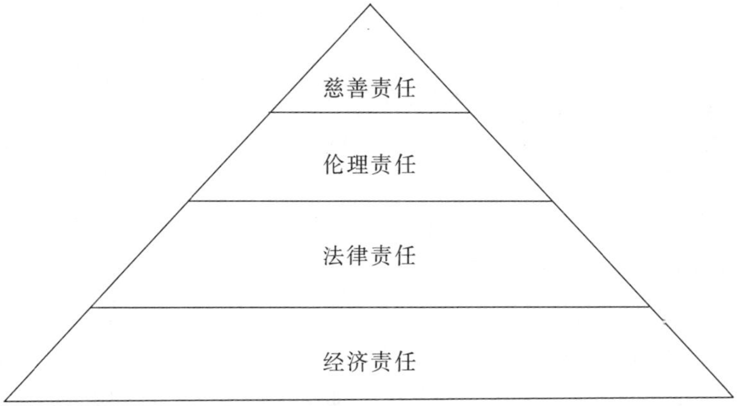

图1　社会责任金字塔模型

彩票作为一种以公益为目的的商品，有着特殊的属性。慈善是这种特殊商品的基本属性，基于此，彩票社会责任的顺序恰好相反（吴殷、李海，2012）。结合企业社会责任的内涵和社会责任金字塔模型，政府和彩票发行部门可以从以下几个方面来履行彩票的社会责任：

3.1　慈善责任

彩票的社会责任首先是慈善责任，包括筹集公益金和支持社会公益事业。

彩票是国家为支持各项事业发展筹措公益金的渠道，是实现社会公益性的重要渠道。从世界范围看，彩票发行的首要目的就是解决各国政府用于社会福利、人民教育、公共设施等公益事业资金严重不足的问题。

中国彩票公益金的广泛使用使彩票在从事社会公益事业中实现了经济功能，彩票因此承担了社会责任。彩票业应通过规范的运作和彩票公益金的广泛使用，促进社会公益事业的发展。因此，科学、合理、高效地运用彩票公益金，履行慈善责任，是彩票本身性质的要求，也是建设文明社会、和谐社会的时代需要。

3.2　伦理责任

政府和发行机构可以通过多种方式履行伦理责任，如打击私彩、设计合理的彩票游戏规则、使购彩者做到知情选择、构建彩票预防救助体系等。

首先，政府部门和彩票发行机构应该严厉打击私彩。私彩的泛滥不仅对彩票业有影响，而且影响社会的稳定，政府部门和彩票发行机构应出台一系列具体的制度打击私彩，维护社会稳定。

其次，彩票的游戏规则应该设计合理，在彩票项目（玩法）设计过程中应确保程序公平、做法公正。不合理的游戏规则不仅会让人觉得不公平，还可能引起购彩者的过度消费，甚至使购彩者演变成问题购彩者，从而对社会、家庭和个人造成危害。另外，发行机构应该研发新的游戏玩法，创新游戏规则，并且在发行前和发行后评估新游戏对社会的影响，控制新游戏的风险。

再次，彩票发行机构应该确保购彩者做到知情选择。知情选择就是指购彩者在没有外界压力、不受外界影响和引诱的背景下，在充分理解一些必要信息的基础上做出的理性选择。政府和彩票发行机构要将彩票的相关信息，如彩票的基本属性、游戏的结构性特征、中奖概率、返奖率等准确传递给购彩者，使购彩者在正确信息、理念和态度的帮助下做出恰当的选择，提高他们理性购彩的能力。不要通过各种媒介渠道大肆宣传“一夜暴富”等神话，这会使购彩者不能理性思考彩票的中奖率，可能会使购彩者上瘾，甚至对社会产生危害。

最后，问题购彩者会带来一系列社会问题，比如挪用公款、偷盗买彩票，因为买彩票导致破产等，给彩票业带来负面影响。问题购彩者作为一个群体现象，应引起政府部门和彩票发行机构的重视，要加强对购彩者的引导，投入财力建立预防、鉴别和治疗体系，从制度上对问题购彩者进行干预，维护良好的社会秩序。

3.3 法律责任

彩票社会责任中的法律责任是指彩票在发行、销售的过程中，必须遵照《彩票管理条例》及其他法律法规的要求，依法从事经营活动、环境保护、购彩者保护、资源合理利用等。在彩票发行过程中，应避免出现作弊行为，严格遵守《彩票管理条例》中关于彩票发行“公开透明”的规定。

3.4 经济责任

彩票社会责任中的经济责任包括刺激消费、增加税收和促进就业。

彩票是刺激消费的手段之一。彩票是扩大国内消费需求、形成投资和消费对经济增长双重拉动的力量之一。人们通过购买彩票，满足其博彩心理，也满足了自己的娱乐需求。同时，发行彩票不会对国家的金融市场造成冲击，因此，政府部门和彩票发行机构可以引导购彩者购买彩票，启动消费需求，拉动经济增长。

政府税收对一个国家和地区的发展至关重要，彩票业在财政融资、筹集资金方面发挥了相当重要的作用。政府通过彩票业获得的资金收益，一是按比例筹得的公益金，二是按比例计得的税收。通过对彩票征收所得税，国家增加了税收。

充分就业作为宏观调控的重要政策目标，对经济稳定和发展起着至关重要的作用。作为负责任的公益彩票，中国彩票的发行也为社会增加了大量的就业岗位，在“保就业”方面做出了自己的贡献。中国彩票对就业的促进作用主要体现在以下几方面：一是彩票的销售环节可以创造就业机会；二是彩票的兑奖环节可以促进销售，间接创造就业机会；三是对彩票公益金的使用可以创造就业机会。

4　结束语

政府部门和彩票发行机构应建立社会责任意识，而不仅仅是追求经济方面的增长；通过履行以上所述几个层次的责任，有助于树立良好的行业形象，实现彩票事业长远发展。同时，国家应完善彩票业监管体制，合理配置监管力量，增强社会公信力，维护购彩者的权利，实现彩票健康、可持续发展。

参考文献

[1] 刘五书.彩票业发展中的社会责任 [J]. 经济研究参考，2014 (65)：20-22.

[2] 李君.中国体育彩票的社会责任研究 [D]. 北京：北京体育大学，2009.

[3] 申卫平.责任彩票：中国彩票的科学发展观 [J]. 理论前沿，2009 (7).

[4] 吴殷，李海.我国体育彩票社会责任评价指标体系的构建 [J]. 上海体育学院学报，2012，36 (1)：19-22.

[5] 李海，穆瑞玲.我国体育彩票社会责任内涵分析 [J]. 河北师范大学学报：哲学社会科学版，2013，36 (2)：138-144.

[6] 李海，陶蕊，刘磊，等.体育彩票问题博彩概念研究述评 [J]. 上海体育学院学报，2010 (3)：23-28.

[7] 杨春媛.彩票发行方式变革对彩票管理机构管理职能挑战的探讨研究 [D]. 昆明：云南大学，2013.

A Research on Lottery Social Responsibility Based on Pyramid Model

He Yun

(Sun Yat-Sen University, Guangzhou, 510275, China)

Abstract: Lottery as a special economic means and a cultural phenomenon, is an important part of China's charity. While paying attention to the benefit of lottery industry, it is necessary to emphasize the social responsibility of the lottery industry, so that the public welfare of the lottery can be fully reflected. In this paper, the problem of the social responsibility of lottery in advance and development is studied. First of all, this paper analyzes the lottery development present situation, points out the problem of the lottery industry in social responsibility, and then introduces the concept of corporate social responsibility and the pyramid model, finally based on the pyramid model, the development of the social responsibility of the lottery is proposed.

Key Words: Lottery, Pyramid Model, Social Responsibility of Lottery

中国福彩社会责任履行和提升途径的探究

王静一　徐　芳　蔡丽婷

（广东财经大学彩票研究中心，广州，510320）

摘　要：彩票社会责任来自“企业社会责任”概念，包括法律责任、经济责任、慈善责任和文化责任等。从企业文化的角度出发来理解彩票社会责任，也需关注彩票在法律责任之外对整个社会环境的责任，以及彩票对各利益相关方的责任。本文主要从中国彩票社会责任的履行情况以及存在的问题出发，探讨提升我国福彩社会责任的途径，这对充分履行彩票社会责任、提升福彩社会形象具有重要意义。

关键词：社会责任　问题购彩者　提升途径

1　研究背景

社会责任来自“企业社会责任”概念，是指“企业在自愿的基础上，将对社会和环境进行关注，并整合到公司的日常运营及与利益相关者的互动中”。这一定义从三个层面阐述了企业社会责任的核心：首先，企业社会责任是在“自愿的基础上”履行的，因此法律责任并不是企业社会责任的全部，企业社会责任的含义超过法律所规定的范围，即超过法律所要求的在人力资源、环境和利益相关者等方面的投资要求。其次，环境和社会应被纳入企业考虑的范围之内。一个企业的运营需遵守三重底线，即必须在经济上有保障、对环境的负面影响最小化，并与社会的期望行动相一致。最后，企业社会责任强调对利益相关者的重视。利益相关者包括内部的利益相关者，如员工、股东、所有者等；也包括外部的利益相关者，如合作伙伴、消费者、地方社区、环境等。从“企业社会责任”概念出发来理解彩票社会责任，也需关注彩票在法律责任之外对整个社会环境的责任，以及彩票对各利益相关方的责任。

彩票社会责任包括法律责任、经济责任、慈善责任和文化责任等。法律责任指的是彩票需依法管理、监督、发行、销售、开奖、提取公益金，严禁暗箱操作、腐败等行为发生；经济责任指的是彩票应创造税收，解决就业，带动相关产业，如旅游等服务业发展；慈善责任指的是彩票应合理提取公益金，惠及社会大众，帮助弱势群体；文化责任指的是彩票应树立社会公益性形象，适当弱化博彩色彩，引导公众正确看待中奖与捐赠。从利益相关方角度出发，彩票社会责任包括其对彩票管理者（即政府管理部门，包括财政部、民政部和国家体育总局）、发行者（即中国福利彩票发行管理中心、国家体育总局体育彩票管理中心）、从业者（即彩票销售站点、销售大厅、网络销售平台、咨询公司、彩票的实际生产商和运输商等）、购彩者、中奖者、社会公众等的责任。

2 中国彩票社会责任的履行情况

近年来，随着福利彩票进入高位运行的新阶段，其社会影响越来越大、关注度越来越高，各级民政部门和福彩机构自觉履行社会责任，将责任理念贯穿于发行销售、市场营销、游戏设计、渠道建设和资金使用各环节。福利彩票履行社会责任受到了人们的广泛重视和关注，对社会具有重要的意义。可以说，发行福利彩票是国家为发展社会福利事业制定的一项特殊政策，也是民政部门的重要职责，社会责任是福利彩票的生存之基和立业之本。“扶老、助残、救孤、济困”的宗旨意味着福利彩票负有聚集众人的爱心与善心、帮助广大社会弱势群体的责任。

我国先后提出“安全运行、健康发展”的指导方针，“公平、公正、公开、公信”的诚信原则，“公益、安全、责任、诚信、创新、品牌”的工作理念和“公益、慈善、健康、快乐、创新”的文化理念。中国福利彩票已经成为社会公益事业发展的主要资金来源，有力推动了我国社会福利事业和社会公益事业的快速发展，已经成为公众喜闻乐见的文化生活方式，搭建了经常性的公众积极参与的慈善公益捐助平台。

此外，我国福利彩票筹集上缴中央集中公益金900多亿元，广泛用于中小学校外活动场所建设和维护、教育助学、城乡医疗救助、红十字事业、残疾人事业、文化、扶贫、法律援助、北京奥运会相关项目等社会公益事业，以及汶川地震灾后恢复重建和补充社会保障基金。福利彩票创造了近40万个就业岗位、数百亿元的税收，在社会、经济、文化发展中发挥了不可替代的作用，为发展社会福利和社会公益事业、保障困难群众基本权益、构建社会主义和谐社会做出了重要贡献。福利彩票积极履行“取之于民、用之于民、造福于民”的社会责任，使福利彩票的社会形象日益提升，成为发展我国社会福利和社会公益事业不可或缺的重要力量。

3 中国彩票社会责任存在的问题

近几年，彩票社会责任日益受到社会的普遍关注，彩票在发行与运作中也逐渐树立起“责任体彩”“阳光体彩”的理念，积极践行公益使命，但是彩票社会责任的履行与社会发展和人们的需求相比，依然是相对滞后的，还存在一些问题，有待于进一步改善。

3.1　公益金等信息披露机制有待进一步完善

公益金的信息披露是彩票公开、透明、公正的重要基础，也是彩票合法性的主要依据。从历年彩票公益金的信息披露情况看，全国范围内的公益金信息披露较为详细，但是民政部、国家体育总局的公益金信息披露还有待进一步强化，如各省（市、区）公益金的具体分配情况等。而各省（市、区）公益金的信息披露更滞后，许多地区并未发布本地的公益金具体使用情况，公益金的去向不明，亟须依法公开。

除公开公益金的使用情况外，彩票发行费、管理费也应及时向社会公开。在现行彩票资金分配中，发行费高达15%，这笔费用是否合理是要向社会公开的，但是从目前各级、各部门彩票信息披露情况看，均未涉及发行费和管理费的具体信息，这也影响了彩票的诚信度。

3.2　问题购彩者的问题现象较为突出

随着购彩者构成发生转变，问题购彩者的情况可能有所改善，但总体而言，问题购彩者依然是影响理性购彩、和谐购彩的重要隐患。当前，问题购彩者的问题主要集中在穷人购买比重过大、购彩成瘾等方面，问题购彩者增多有悖于彩票公益性初衷，不利于彩票社会责任的彰显。

问题购彩者产生的原因非常复杂，它首先根源于彩票本身的博彩性。彩票本身是一种投机商品，是通过奖金来吸引购彩者购买的一种商品，彩票的游戏形式、返奖率、营销策略无不围绕着吸引购彩者而展开；其次，问题购彩者的增多与当前社会投资渠道少、投资门槛高、社会贫富分化严重等社会问题密切相关。一些问题购彩者希冀通过彩票改变自己的命运，这往往是对自身境遇的一种不得已的选择；最后，社会舆论宣传，特别是对彩票不恰当的宣传也起了重要的推手作用。

为了减少问题购彩者的数量，有必要从制度、技术、舆论宣传等多个角度加强对彩票的管理，达到既稳定购彩者又倡导理性购彩的效果。此外，可以从彩票公益金中拿出一部分专项资金，用于对问题购彩者进行心理疏导和物质帮助。

3.3　彩票的公益性和市场性需进一步平衡

彩票发行是一种市场行为，也是一种公益慈善行为，应该说它是以市场为手段达到公益目的的一种政府特许行为，彩票最终的合法性来自它的公益目的。但在实际运行过程中，彩票的市场性或者说赌博性恰恰会破坏其公益性，而这又是彩票发行不可或缺的市场动机。这种公益性和市场性之间的悖论从彩票诞生之日起就已存在。彩票要扩大营销、稳定市场，就必须增强游戏的刺激性、回报性，从而会加大其投机性成分，对购彩者形成不良影响，从而损害彩票的公益性。

彩票是一项投入少、收益巨大的产业，对政府来说，可以迅速聚集公益事业的发展基金，因此极具吸引力。每年各地、各级政府都要发行各种不同类型的彩票，在市场宣传上更是不遗余力，甚至通过促销、返奖活动来扩大影响。这种行为方式是市场性的，如果缺乏规范、发展过度就会损害彩票的公益性目的。有鉴于此，需要通过进一步完善法律和相关的政策体系，规范彩票的市场化运作。财政部作为全国彩票的监管机构，民政部和国家体育总局作为彩票的管理机构，也应该依法履行相关的管理和监督责任。

4 提升我国彩票社会责任的途径

近年来，随着彩票发行的不断扩大，与彩票相关的犯罪案件有增长态势，彩票机构极具煽动性的误导性宣传，如“两元搏千万”等宣传语，以及低收入阶层倾家荡产买彩票，期望一夜暴富等问题逐渐显现出来；同时，地下黑彩、私彩也日益猖獗，博彩所引发的社会安全问题已经成为各类媒体关注的重点。问题购彩行为已经成为我国彩票机构履行社会责任的“瓶颈”，为此，我们提出以下具体措施，以改善我国彩票社会责任的承担和履行：

4.1 制定完善的政策与法规，保证彩票良好的发展环境

制定完善的法律法规，可以在判定与彩票有关的犯罪行为时有法可依，从而达到严厉打击和制裁犯罪行为、维护社会稳定的目的。随着彩票业的不断发展，境内私彩泛滥、境外赌场不正当博彩和互联网违法博彩现象不断增加，完善的法律法规可以在开放彩票业、扩大经济效益的同时，尽量减少对社会的负面影响。完善的法律法规也有利于保护购彩者的合法权利，尤其是获奖购彩者的隐私权，可以有效避免彩票有关机构和网点为了宣传而公布获奖购彩者信息，导致其人身和财产安全受到威胁。

4.2 负责任地进行宣传和引导，形成健康、公益的彩票文化

广告是彩票发行机构常用的市场营销手段之一。购彩者通过电视、报纸等传统媒体以及网络平台等新兴媒体可以接触各类体育彩票广告，然而不当广告宣传会误导购彩者，甚至使其产生问题购彩行为。目前，绝大多数彩票广告的内容都是以赢取奖金或中大奖为侧重点的。因此，在销售网点要设立明显的标语，比如“未成年人不能购买”以及“适度参与，自我控制”等，还要在醒目位置放置宣传手册，以便公众领取。体育彩票机构应该强调体育彩票的公益性，加强与购彩者的沟通交流，帮助购彩者树立正确、理性的彩票观念。

4.3　严格筛选产品机制，负责任地推出游戏玩法

对于新研发的玩法和返奖率，上市之前要进行测试，了解购彩者对新玩法的反应和市场反响；对彩票的中奖率和奖金上限金额的设定进行细致研究，避免由于玩法本身存在的缺陷或者返奖率过高而导致购彩者过度沉溺其中。通过筛选的玩法可以负责任地推广给广大购彩者，而未通过筛选的玩法则要果断地放弃。为了避免公众把买彩票当成一种赌博活动，要在极低的中奖概率、较低的返奖率和购彩者参与度之间达成平衡，可通过规定投注时间等措施在一定程度上抑制购彩者的赌博心理，有效防止购彩者为捞回亏损而多次投注的不理智行为。

4.4　负责任地培训员工，保护购彩者隐私

由于我国对于网络销售彩票的限制，购彩者只能通过体育彩票网点购买彩票，因此对于情况比较复杂而且近距离接触购彩者的网点销售员工的培训显得更加重要。要对体育彩票管理、发行和销售机构的员工定期进行培训，让他们了解体育彩票的核心是公益性而非营利性，要求其在和购彩者的交流中正面引导，帮助购彩者健康购买彩票，不要过度沉溺，以免导致自身和家人的生活、工作受到负面影响。

4.5　通过医疗等科技辅助手段，弥补现有机制的不足

问题购彩者会产生强烈的赌博欲望，而且对赌博冲动没有抵抗力，会出现类似酗酒和吸烟等强迫性沉溺的上瘾症状。政府部门和体育彩票相关机构应该与临床学者、心理学家和精神病学家合作，对精神健康和病理性上瘾的购彩者进行研究。国外的研究发现，药物（如纳曲酮）对于赌博冲动有一定的抑制作用，但是在一部分病人身上出现了负作用，而且价格较为昂贵，目前尚没有完全用于治疗病态购彩者。在未来科技发展的条件下，要加强利用医疗器械、药物或者心理咨询等方式辅助治疗问题购彩者。

5　结束语

国家特许发行的福利彩票既是公益慈善事业，又包含市场行为。履行社会责任是福利彩票生存和发展的应有之义，是提升福利彩票社会形象的根本要求。目前我国福彩在履行社会责任过程中存在一些问题，为了使社会责任落到实处，必须参考、借鉴其他国家和地区的成功经验，采取有力措施，只有这样，中国福利彩票在推进社会公益和社会救助事业的同时，才能大大促进社会主义和谐社会与精神文明建设。

参考文献

［1］吴殷．我国体育彩票社会责任评价指标体系的构建［J］．上海师范大学学报，2012（36）：19-22.

［2］李海．我国体育彩票社会责任内涵分析［J］．河北师范大学学报，2013（36）：138-144.

［3］陈又星，蔡丽婷．中国情境下负责任彩票体系构建及实施路径选择［J］．经济师，2015（11）：56-59.

［4］李君．中国彩票社会责任的研究［D］．北京：北京体育大学，2009.

Research on China's Welfare Lottery Inquiry into Social Responsibility and Ways to Improve

Wang Jingyi　Xu Fang　Cai Liting

（Lottery Research Center of Guangdong University of Finance and Economics，Guangzhou，510320，China）

Abstract: Lottery social responsibility comes from the concept of corporate social responsibility，include legal，economic，philanthropic and cultural responsibility. From the perspective of enterprise culture to understand lottery social responsibility，also need to be concerned about legal liability of lottery to the responsibility of the whole society，as well as lottery on the responsibility of stakeholders. This article is from the social responsibility of China's lottery performance problems and starting to explore ways to enhance the social responsibility of China's welfare lottery，which comply fully with the lottery's social responsibility，enhance the image of welfare society is important.

Key Words: Social Responsibility，Problem Lottery Buyer，Way to Improve

第三部分

彩票机构社会责任研究

3 Study on Social Responsibility of Lottery Organizations

体育彩票机构的销售网点社会责任研究

马　辉

（上海体育学院经济管理学院，上海，200438）

摘　要： 体育彩票销售网点是体彩机构的利益相关者，履行体彩机构的社会责任可以提升服务有效性，促进体育彩票的销售。本研究对上海体育彩票机构进行了访谈，对销售网点进行了调查，设计了体彩机构的社会责任体系，通过因子分析方法处理了调查数据，调整了社会责任模型的构成，并对得到的模型进行了信度检验。销售网点的社会责任由合理性、可靠性、保证性、响应性和移情性5个维度、15个指标构成。本研究得到的社会责任模型不仅可以用于测量彩票机构对销售网点的社会责任，而且对优化、提升彩票机构的服务和管理水平有重要意义。

关键词： 销售网点　体育彩票机构　社会责任

体育彩票发展20余年来销售额增长迅速，2015年销售额超过1 600亿元，规模已经很大。体育彩票发展到如此规模时，体育彩票机构不仅应履行发行、销售等基本职责，还要承担相应的社会责任。

体育彩票社会责任具有以下几方面含义：第一，体育彩票社会责任的承担主体是体育彩票机构。第二，体育彩票社会责任的承担客体是利益相关者。体育彩票的利益相关者包括购彩者、体育彩票的销售人员、相关的政府机构、社区、媒体、供应商（如提供技术的企业、提供销售机器的企业）以及其他利益相关者（如体育彩票的研究机构）等。在这些利益相关者中，国家体育总局是彩票发行的主管部门；各级体育彩票管理中心负责体育彩票的发行以及销售工作，是体育彩票销售网点的直接管理者；销售网点则是体育彩票的销售终端，既接受体育彩票机构的管理与服务，又直接向购彩者销售彩票。销售网点在彩票销售中发挥重要作用，体育彩票机构如能履行对销售网点的社会责任，将对体育彩票的销售产生直接的促进作用。

本文将研究体育彩票机构对销售网点社会责任的构成，以得出影响体育彩票机构对销售网点社会责任履行的主要因素。

1 社会责任研究方法

1.1 社会责任构成维度

各地体育彩票机构的工作职责基本相同，虽然对销售网点的管理与服务细节有一定差异，但服务内容基本相似。本文以上海体育彩票机构对销售网点的社会责任为实证研究对象。首先，我们设计了体彩机构社会责任的基本构成指标，然后访谈了上海体育彩票管理中心各部门的相关工作人员，走访了一些体育彩票销售网点，征求了体彩机构与销售网点销售人员对问卷的建议，最终优化了调查问卷。我们的调查问卷由5个维度、21个指标构成，见表1。

表1 **体育彩票社会责任维度初步设计**

因子	各维度指标
合理性	P1：销售网点布局合理
	P2：投注机功能设计合理
	P3：缴费方式安排合理
	P4：投注机维修费用合理
可靠性	P5：体彩机构准确向销售网点传达信息
	P6：在新闻媒体中看到体育彩票信息较多
	P7：体彩机构记录的财务数据准确
	P8：体彩机构兑奖合规
	P9：投注机出现故障后维修及时
	P10：销售系统稳定
响应性	P11：专管员积极为销售网点配送物资
	P12：在体彩机构网站上查找信息较便捷
	P13：佣金卡使用便捷
	P14：兑奖便捷
	P15：收费和罚款款项明细标注清晰
保证性	P16：专管员态度良好
	P17：专管员经常与销售网点进行沟通
	P18：投注机维修人员专业技能较强
	P19：体彩机构人员与销售网点沟通时态度良好
移情性	P20：体育彩票的宣传方式多样
	P21： 体彩机构业务培训有效，促进彩票销售

其中，合理性维度由4个指标构成，基本上是体彩机构对销售网点进行管理或者提供服务方式的合理性。其一，“销售网点布局合理”与否会影响销售网点

间的竞争关系；其二，“投注机功能设计合理”与否直接影响彩票销售效率；其三，“缴费方式安排合理”与“投注机维修费用合理”分别与缴费方式与维修费用的额度有关，这也反映了销售网点对费用问题的关注。

可靠性由6个指标组成，主要是关注体育彩票机构对销售网点提供服务的可靠性。“体彩机构准确向销售网点传达信息”与“体彩机构记录的财务数据准确”强调体彩机构能够为销售网点的经营提供信息保障；“体彩机构兑奖合规”是购彩者关注的重点，通过影响购彩者间接影响销售网点；“投注机出现故障后维修及时”与“销售系统稳定”都是体彩机构为销售网点提供的技术保障；“在新闻媒体中看到体育彩票信息较多”是指体彩机构为销售网点提供良好的舆论环境。

响应性有5个指标：“专管员积极为销售网点配送物资”，这里的物资主要包括彩票打印纸、海报、礼品等销售过程中的必需品；“在体彩机构网站上查找信息较便捷”，强调体彩机构与销售网点的信息沟通；“佣金卡使用便捷”与“收费和罚款款项明细标注清晰”，这两个指标都与财务和资金有关，说明财务是销售网点关注的问题；“兑奖便捷”则关注中奖购彩者是否可以方便地兑换奖金。

保证性有4个指标：“专管员态度良好”、“专管员经常与销售网点进行沟通”与“投注机维修人员专业技能较强”，这3个指标都是关于专管员与维修人员的，他们是体彩机构中与销售网点接触最多的人员，也是受到销售网点关注的人员。此外，保证性还包括对体彩机构人员服务评价的指标“体彩机构人员与销售网点沟通时态度良好”。

移情性有2个指标：“体育彩票的宣传方式多样”和“体彩机构业务培训有效，促进彩票销售”，是销售网点对体彩机构宣传以及培训的评价，销售网点希望体彩机构能进行丰富多样的宣传和有效的培训。

1.2 问卷制作与调研过程

调查问卷初稿编制完成后，我们走访了一些体育彩票销售网点，并根据这些销售网点的意见与建议对问卷进行了调整。其主要目的有两个：一是通过小样本测试净化问卷的测量题项，并检测问卷的信度；二是通过填写问卷者的反馈进一步修正问卷，包括措辞、题项与排序等，以便提高问卷效度。

在问卷设计方面，我们采用了李克特5段量表法，并按5点评分标准计分，即1~5分，得分越高，履行社会责任的水平越高。

上海共有体育彩票销售网点2 038个，我们采用分层随机抽样方法，对上海所有区县的销售网点进行问卷调查，共发放问卷305份，收回有效问卷257份。大多数调查对象是普通销售人员（67.5%），收入在3 000元以下（85%），从业时间在1年以上（86.2%）；接受调研的人员大多具备较丰富的工作经验，保证了调研结果的可信度。

2 数据分析

我们对数据进行因子分析，删除部分指标后，计算最终得到的社会责任模型的因子载荷、相关系数，并进行信度检验。

2.1 构成维度分析

我们运用SPSS 17.0对调查数据进行验证性因子分析，并对问卷因子进行方差斜交旋转。我们提取了6个公因子，其累计方差贡献率为76.392%，未达到80%。Nunnally认为，对于每个指标在公因子上的分布，第二大因子最大应不超过0.30。数据整理见表2，各指标在这6个公因子上的分布不太理想，其中10个指标（P1、P7、P8、P9、P11、P15、P16、P18、P19、P21）分布在设定维度，其他指标或者分布在多个维度，或者分布在其他维度。

表2 **因子分析结果**

维度	指标	因子荷载				
		F1	F2	F3	F4	F5
合理性	P1	0.89	0.12	0.03	0.26	0.14
	P2	0.83	0.37	−0.02	0.21	0.13
	P3	0.51	0.28	0.11	0.53	0.03
	P4	0.64	0.23	−0.01	0.21	0.38
可靠性	P5	0.42	0.77	0.16	0.53	0.05
	P6	0.07	0.86	0.41	0.21	0.10
	P7	0.03	0.90	0.27	0.11	0.20
	P8	0.18	0.75	0.18	0.20	0.09
	P9	0.05	0.76	−0.02	0.07	0.23
	P10	0.22	0.79	0.10	0.33	0.10
响应性	P11	0.21	0.17	0.23	0.27	0.83
	P12	0.09	0.37	0.64	0.28	0.67
	P13	0.58	0.07	0.07	0.24	0.53
	P14	0.03	0.27	0.17	0.52	0.70
	P15	0.17	0.03	0.20	0.11	0.78
保证性	P16	0.05	0.21	0.91	0.16	0.28
	P17	0.11	0.12	0.71	0.31	0.47
	P18	0.24	0.19	0.87	−0.01	0.08
	P19	0.27	0.17	0.53	0.25	0.22
移情性	P20	0.19	0.68	0.21	0.61	0.16
	P21	0.29	0.10	0.21	0.93	0.26

因此，我们需要对社会责任指标进行二阶因子分析。我们通过LISREL软件进行处理，利用样本拟合模型，第一步拟合的结果拟合程度不符合指标要求，于是逐步删除相关性较小的指标，直至第四步，先后删除了P12、P14、P19、P20、P6、P16这6个指标后，模型满足了指标要求的拟合程度，见表3。

表3　**二阶因子分析剔除相关性较小的变量**

指标	临界值	Model 1	Model2	Model3	Model4
		P1~P21	删除P12、P14	删除P19、P20、P6	删除P16
X^2/df	< = 5.00	5.27	4.87	4.21	3.83
GFI	> = 0.90	0.89	0.86	0.91	0.95
AGFI	< = 0.80	0.83	0.82	0.80	0.78
RMR	< 0.05	0.06	0.05	0.05	0.04

在表3中，X^2/df：卡方/自由度；GFI：拟合优度；AGFI：调整后的拟合优度；RMR：均方根残差。

这样，通过二阶因子分析从模型中删除了6个指标后，社会责任模型的构成是：合理性（P1、P2、P3、P4），可靠性（P5、P7、P8、P9、P10），响应性（P11、P13、P15），保证性（P17、P18），移情性（P21）。此时，各指标的因子载荷也符合了Nunnally的要求，见表4。

表4　**保留指标的因子分析**

维度	指标	因子载荷				
		F1	F2	F3	F4	F5
合理性	P1	0.94	0.08	−0.11	−0.05	0.01
	P2	0.93	−0.04	−0.13	0.07	0.02
	P3	0.91	0.07	0.02	0.01	−0.10
	P4	0.89	0.12	0.09	−0.18	0.03
可靠性	P5	0.08	−0.13	0.02	0.10	0.83
	P7	−0.08	0.11	0.06	−0.06	0.90
	P8	0.07	0.01	0.07	0.01	0.89
	P9	−0.12	0.09	−0.13	0.03	0.86
	P10	−0.07	0.10	−0.02	0.01	0.93
响应性	P11	0.06	−0.11	0.90	0.03	−0.05
	P13	0.12	0.04	0.87	−0.09	0.06
	P15	0.02	−0.16	0.92	0.04	0.11
保证性	P17	0.03	−0.02	0.01	0.91	0.07
	P18	0.05	0.10	−0.17	0.86	−0.01
移情性	P21	0.07	0.94	0.03	−0.02	0.09

2.2 信度计算

我们计算了模型各维度的信度和因子载荷，维度的Cronbach α系数说明5个维度都具有较好的信度；同时，各维度的因子载荷均为正，这也说明各维度的收敛效度较好，见表5。

表5 各维度的信度

维度	信度	因子载荷
合理性	0.78	0.69
可靠性	0.89	0.72
响应性	0.81	0.77
保证性	0.73	0.58
移情性	0.70	0.51

通过以上处理，我们得到了由5个维度、15个指标构成的社会责任测量标尺，我们计算了各维度的信度和因子载荷，说明各维度有良好的信度。

3 结果与讨论

本文建立了理论模型并设计了问卷，采集了上海体育彩票销售网点的数据，使用验证性因子分析方法，调整了模型结构，最终建立了体育彩票机构对销售网点的社会责任模型。

在构成社会责任标尺的5个维度中，对社会责任影响最大的维度是响应性，因子载荷达到0.77，说明销售网点最注重体彩机构及时为它们提供服务，这是由于体育彩票是市场产品，需要及时把握市场机会，也就需要体彩机构尽快配送相关产品、提供相关服务；可靠性的因子载荷为0.72，排在第二位，表明销售网点对于体彩机构提供服务是否准确、稳定也是非常关注的，体彩机构对销售网点提供信息的准确性与服务的稳定性直接影响销售网点能否平稳、良好地运营；位于第三位的是合理性，即内部服务设置的合理性，表明内部服务流程与方式的合理性关系到销售网点经营的效率，销售网点对此也较为重视；保证性居第四位，因子载荷为0.58，可见销售网点希望体彩机构较多地与其进行沟通，以提高服务效果；最后是移情性，因子载荷为0.51，也就是说，体彩机构对销售网点提供的个性化服务也对社会责任的履行有一定的影响。

4　结束语

从以上研究可见，销售网点是体彩机构重要的利益相关者，体彩机构对销售网点的社会责任可以分为合理性、响应性、可靠性、保证性、移情性5个维度，其中合理性由4个指标构成，可靠性由5个指标构成，响应性由3个指标构成，保证性由2个指标构成，移情性由1个指标构成，这样我们就得到了体育彩票机构对销售网点社会责任的测量模型。

需要指出的是，本文的社会责任测量标尺是基于上海销售网点的需求构建的，由于各地内部服务的差异化，其他地区需要进行微调；同时，体育彩票发展迅速，销售网点对社会责任的需求也处在变化之中，因此，社会责任模型的外部化还需进行深入研究。

参考文献

[1] 吴殷，李海．我国体育彩票社会责任评价指标体系的构建 [J]．上海体育学院学报，2012 (1)：19-23．

[2] 李海，吴殷．上海电脑体育彩票销售网点的现状调查——基于日销量低于3 000元的网点 [J]．体育科研，2013 (5)：17-23．

[3] 周斌．江西省体育彩票经营状况及发展对策研究 [D]．南昌：江西师范大学，2013．

[4] 张曦征．数据仓库在体育彩票行业网点运营管理中的应用 [J]．中国科技信息，2012 (8)：124-125．

[5] 赵海燕．山东省体育彩票经营现状及可持续发展研究 [D]．曲阜：曲阜师范大学，2002．

[6] 周黎黎．湖南省体育彩票业经营现状及发展对策研究 [D]．长沙：湖南师范大学，2012．

[7] 沈华．上海市体育彩票销售网点服务环境研究 [J]．当代体育科技，2013 (3)：94-96．

[8] 扈春莲．彩票销售站员工满意度对顾客满意度影响研究 [D]．大连：大连理工大学，2013．

[9] 秦立鹏．上海市体育彩票专管员队伍管理现状及对策研究 [D]．上海：上海体育学院，2013．

[10] 曾雯彬，孙杨，孙东辉．我国体育彩票发展现状及对策 [J]．体育科研，2012 (3)：14-17．

[11] 陈彬．青岛市体育彩票市场发展现状及对策的研究 [D]．青岛：中国海洋大学，2013．

Study on Sports Lottery Agency's Social Responsibility for Sales Outlets

Ma Hui

(School of Economics and Management, Sports University of Shanghai, Shanghai, 200438, China)

Abstract: Sports lottery sales outlets are the stakeholder of lottery institution, study of the responsibility can boost the lottery effectiveness of internal services and promote healthy functioning of sports lottery sales. By the interviews of Shanghai Sports Lottery Institution and investigation on outlets, lottery institutional social responsibility structure is designed. Through the method of factor analysis, the article processes the survey data, and adjusts the model of social responsibility, tests the reliability on the model. Based on these, social responsibilities for outlets consist of 5 dimensions: rationality, reliability, assurance, responsiveness, empathy and 15 indexes. It concludes that model of social responsibility can not only be used to measure the social responsibility of lottery outlets, but also have important implication on optimizing and enhancing lottery institutional service and management.

Key Words: Sales Outlets, Sports Lottery Agencies, Service Quality

从“巨奖诅咒”看彩票机构社会责任

张增帆

（北京社会管理职业学院民政管理系，北京，101601）

摘　要：世人多关注购买彩票屡屡不中以致于欠债无力偿还的购彩者，恐其演变为问题购彩者甚至病态购彩者，而对于中巨奖陷入“巨奖诅咒”的购彩者关注较少。事实上，“巨奖诅咒”给普通人的生活所造成的破坏也是始料未及的，天降横财使很多大奖得主以及他们身边的人被物质财富扭曲了心态，甚至导致家庭破裂、妻离子散、兄弟反目。因此，对于中大奖的购彩者，我国彩票机构应该承担起社会责任，构建一套完整的彩票售后服务体系，为其提供全面、系统、安全、优质的服务。

关键词：巨奖诅咒　彩票机构　社会责任

1　引言

由于我国彩票业的高速发展，加之彩票关联产业较多、产业链条长、行业敏感性强，彩票业的每一件事都会引起社会的广泛关注，其给购彩者带来的消极影响更是备受关注。有的人由于购彩影响了正常的工作和生活，最后演变为问题购彩者甚至是病态购彩者，如何对他们进行干预和矫治成为社会关注的焦点。然而，还有一个重要的群体——中大奖的购彩者，人们除了羡慕其好运外，很少有人关注其中奖后的变化。事实上，中大奖的大部分人结局悲惨。美国国家经济研究局通过对近20年欧美彩票头奖得主的跟踪调查发现，他们中奖后不到5年就陷入穷困潦倒的境地。在美国，大奖得主每年的破产率高达75%。在中奖后不到10年内，60%大奖得主的财富就灰飞烟灭了，而另外40%的人则因为各种灾难离开了人世。好运降临之时，厄运往往相伴而生，“福兮祸之所伏”，因此，如何做好中大奖购彩者的心理干预，为其提供必要的帮助，以及如何做好彩票售后服务，应当成为彩票机构一项重要的社会责任。

《福彩演播室》的一期节目中曾有“神秘的中奖人”讲述了一个500万元大奖得主孙启勤的故事，他中了大奖，但因不善经营、投资失败，致使兄弟姐妹反目，与家人关系紧张而冷淡，最后家境愈发贫寒。无独有偶，中国新闻网2016年4月也报道过一位在福建泉州打工的熊某中大奖的事。2008年9月，熊某买彩票中了367.8万元的大奖，他忍不住将此事告诉了要好的工友，给工友2

万多元并请他们吃饭，然而随后熊某开始担心自己的安全，怕被抢劫或绑架，于是辞职回家。谁料，熊某中大奖的消息不胫而走，打工的熟人口口相传，在老家也是人人皆知。亲戚朋友前来祝贺，多年不见的表亲也接踵而来，最后连小混混也来要点儿“零花钱”，熊某一家不堪其扰，焦虑烦躁的熊某只好躲藏起来。

在美国，2002年杰克·惠特克买彩票中得3.15亿美元巨奖，10年后他的女儿和孙女双双毙命于毒品，他本人也是各种官司缠身，妻子和他离婚。有一次他在脱衣舞夜总会被人下药，放在车内的54.5万美元现金不翼而飞。后来他向记者泣诉：“我真希望自己当时就撕掉那张彩票！”在英国，2016年“欧洲百万”大奖得主吉莉安·贝弗德也是麻烦不断，近况堪忧。吉莉安认为是亿万巨奖毁了她，她已经和丈夫离婚，现在又要和父母“脱离关系”。

事实上，“巨奖诅咒”对普通人的生活所造成的破坏，远不止吉莉安·贝弗德一例，针对中大奖的购彩者，有人总结出8种类型悲惨结局：情断意绝型、飞来横祸型、忍辱负重型、挥霍无度型、惹火烧身型、重财薄情型、飞沙走石型、分道扬镳型。大奖得主如果不能及时学会驾驭财富，就会被物质财富所扭曲，天降横财使很多大奖得主和他们身边人的心态失衡，导致众叛亲离、家破人亡，这不由得引起我们思考导致“巨奖诅咒”悲剧产生的原因。表面上看是中奖购彩者及其周围的人面对巨额财富，缺乏自制力，没有驾驭财富的能力或者正确的财富观、较高的心理素质；事实上，中奖购彩者只是普通人，多数还是中低收入人群，面对突如其来的巨奖，他们茫然不知所措，不知如何应对新处境。当他们陷入亢奋、焦虑、担心、忧郁而孤立无援时，彩票机构应该介入，并承担起相应的社会责任。彩票机构应该建立中大奖购彩者售后服务体系，并提供优质、全面的服务。

2　彩票机构介入的必要性

2013年3月有报道称，加拿大女子沙朗·泰拉巴西9年前中了彩票千万大奖，中奖后，沙朗并未找财务顾问协助她理财，而是大肆挥霍，然而好景不长，这笔钱来得快去得也快，很快被挥霍光，如今她为了抚养6名子女并支付房租，不得不坐公交车去打零工。

2016年3月15日，新华网报道，中国打工仔哈维在西班牙中奖后过上幸福美满的生活。虽然是“一夜暴富”，但他不放纵自己，只花该花的钱。他有如此好的理财观，都要归功于彩票销售员冈萨雷斯的指导和帮助。他第一次中奖时，冈萨勒斯就给了他合理理财的建议。可以看出，西班牙彩票从业人员具有良好的素质，彩票机构也履行了相应的社会责任。

上述两个案例从正反两个方面说明承担彩票社会责任的必要性和重要性。综上可知，对中大奖者给予合理的理财和心理指导，使其承担社会责任，具有重要意义。

2.1 建立中大奖后的服务体系

保护中奖购彩者的权益，使他们在中大奖后依然能和谐安康地生活，中大奖后的服务体系是最后一道防线。只有购彩者的权益得到有效保护，彩票事业在购彩者心中的形象才能进一步提升，才能逐渐树立彩票品牌，提高购彩者的信心和决心。这会增加购彩者购彩的筹码，壮大彩票消费群体。

2.2 增强彩票机构的亲近感和信任感

通过向中大奖购彩者提供售后服务，特别是满足购彩者在理财、心理等多方面的新需求，提供优质、全面、系统的服务，使购彩者对彩票机构更加信赖，更有认同感和归属感，从而提升彩票品牌的影响力。

2.3 提高购彩者的满意度和忠诚度

购彩者满意是购彩者的期望或超值期望得到满足的一种心理感受。购彩者通过兑奖后的彩票售后服务环节，能够及时了解自己所遇到的各种问题，对不同的问题采取不同措施予以解决，从而提高购彩者的满意度。购彩者的忠诚度是购彩者满意、认可的最高形式，可以形成购买力。售后服务在赢得购彩者满意和信赖的同时，也得到了购彩者对彩票事业的回报，即再次购买彩票或形成终身购买彩票的习惯，从而提高了彩票事业的顾客保持率，增强了彩票的竞争力，提高了彩票销量。

综上可知，彩票机构承担其相应的社会责任是十分必要的。事实上，在英国、意大利、挪威，以及美国的一些州都为大奖得主提供一些特殊服务。在我国，由于彩票机构职能缺位、对中大奖购彩者的社会责任制度设计欠缺，对购彩者购买前、中奖后缺乏相应的指导，导致中大奖购彩者像孙启勤一样陷入困境，其权益没有得到有效保护。彩票机构应及时介入，并且构建一套中大奖购彩者的社会责任体系。

3 构建中大奖购彩者社会责任体系

依据社会责任理论，任何组织在运营中不仅要追求自身利益的最大化，还要考虑其运营对社会以及环境的影响，即承担相应的社会伦理责任。国家通过发行彩票筹集公益资金，为我国的慈善事业做贡献，但由于彩票发行销售也是市场行为，加之彩票自身的博彩性，因此需要限制和减少彩票业及彩票行为对社会的消极影响。针对中大奖购彩者中奖后往往贫困潦倒、结局悲惨的现状，彩票机构应承担起对中奖者的社会责任，设立专门机构，规范制度管理，强化责任彩票意识；加强彩票队伍建设，提高履责能力；推动媒体宣传，塑造责任彩票形象；创新责任彩票建设工作手段，建立起对购彩者购彩前、中奖后全面、系统、优质的辅导服务体系。总之，要构建中大奖购彩者综合服务的社会责任体系。

3.1 彩票机构承担社会责任的总体要求

3.1.1 建立良好的彩票社会治理结构

中奖彩票在兑奖完成后，虽然彩票购销交易已经结束，但是彩票机构应有责任彩票意识，应充分认识到进行彩票售后服务的必要性，并给予一定的资金支持。首先，成立专门的购彩者心理及理财指导中心、专门的中大奖购彩者研究机构，开展基础理论研究和宣传教育，最大限度减少中大奖带来的负面影响。其次，研究机构应配备专门的人员，设置咨询和服务热线，提供彩票中奖的售后服务，建立起责权明确、相互协调、相互促进的彩票售后服务有机整体；最后，设立各种类型的非营利组织，包括关于彩票的学术研究机构、心理与法律援助中心，特别是购彩者相关问题的研究机构，形成公民咨询和参与平台。在英国，卡梅洛特公司一直同英国博彩护理中心合作（该中心是集博彩问题信息、咨询、救助等为一体的国家级中心），为大奖得主提供两项特殊服务：一是超过50 000英镑奖金的大奖得主会自动收到一个信息包，主要是向大奖得主提供法律服务和实践行为建议；二是超过350 000英镑奖金的大奖得主会得到更多的帮助，有专家对他们进行理财、法律、中奖后生活的专业指导。

3.1.2 规范服务标准，提高人员整体素质

为了提高履责能力，彩票机构应规范服务标准，提高彩票机构从业人员的整体素质。彩票机构从业人员首先要树立责任彩票意识，明确彩票售后服务就是负责任彩票的集中体现；其次要制定规范的服务标准，按照标准为中大奖购彩者提供服务；最后要提高彩票机构从业人员的综合素质，特别是直接负责彩票售后工作的人员，提高他们服务中大奖购彩者的专业素质和业务能力，确保其为中大奖购彩者提供优质服务。

3.1.3 形成健康、可持续的彩票文化氛围

为了塑造责任彩票形象，增强公众对彩票的认同度和参与度，应在彩票机构主导下，加强彩票公益性宣传，充分利用可信赖的媒体传播彩票文化，不断激发人们乐善好施、扶危济困的慈心善举，使得中大奖购彩者有良好的心理素质和自制力，摒弃一夜暴富、自私贪婪等思想，形成正确的财富观和人生观。彩票文化是彩票不断发展的动力源泉，应贯穿于彩票发行、销售、管理的过程中，渗透在购彩者的意识中，净化购彩社会风气，对中大奖购彩者进行合理引导。

3.2 提供购彩沟通服务平台

3.2.1 彩票销售员对购彩者群体进行面对面指导

彩票销售员作为服务购彩者群体的一线工作人员，最了解购彩者的各种情况和需求。“春江水暖鸭先知”，在日常彩票销售过程中，彩票销售员可以有意识地对所有购彩者进行理性购彩心理指导和帮助，给出正确理财的建议和意见，逐渐使购彩者形成良好的理财观、价值观和人生观。在购彩者未中奖时，彩票销售员可以鼓励他们小赌怡情、未中奖也是爱的奉献；中了大奖，那也是爱的回报。在彩票销售员潜移默化的帮助下，当巨额财富降临时，购彩者就不会茫然无措、失去自制力，也不会误入歧途、命运悲惨。

3.2.2 建立彩票机构与购彩者线上互动网站

随着互联网和智能手机的普及，可以针对中奖购彩者构建线上售后服务体系，包括购彩者投诉、心理咨询、理财咨询、兑奖问题处置等。彩票机构应建立专门的网站，开辟专供购彩者互动的信息交流平台，通过与购彩者进行信息交流，了解购彩者的意见或建议，及时了解中奖购彩者的需求。这既可以提高彩票机构的社会责任形象，又可以起到对外宣传的作用。

3.2.3 彩票机构建立购彩者档案

彩票销售机构应建立购彩者的个人信息档案，及时征求中奖购彩者的意见，定期走访或回访，了解其生活现状、面临的问题及需求，针对问题提出中肯的意见或建议。比如投资理财问题，彩票机构可以委托银行等理财、投资机构为中奖购彩者提供理财服务，提出投资建议等。再如有的购彩者有心理问题，可通过走访或回访，掌握他们的困难和问题，倾听其心理需求，认真做好记录，然后通过专门的购彩者指导中心和中奖购彩者专门研究机构为其提供帮助，建立购彩者心理档案，建成彩票售后反馈跟踪体系。反馈跟踪调查服务既是彩票机构为购彩者提供面对面线下服务和线上服务的延伸，又是彩票机构提升彩票行业社会正效应、减少负效应的重要手段，只有这样才能保障彩票业健康、持续、安全运行，这也是彩票业发展的必然要求。

3.3 对中大奖购彩者进行理财指导和心理干预

3.3.1 理财风险评估及理财指导

由于我国大多数购彩者是中低收入人群，对突然降临的巨额财富，他们往往不知所措、难以应对，因此，购彩者在兑奖时，经中奖购彩者同意，结合购彩者个人档案，彩票机构可以委托专业机构对中大奖者进行财富风险评估。财富风险评估包括中奖者的奖金如何安排、中奖奖金投资比例、计划投资项目及比例、计划理财产品及比例，以及所有这些投资理财是否科学合理等。根据评估结果，可将中大奖者分类：是保守谨慎型、平衡稳健型，还是激进风险型。

根据中大奖者的不同类型与投资项目和理财项目的不同风险级别，可以向中大奖者推荐相应的投资项目和理财产品，确定投资项目和理财产品的比例，合理配置资产。

3.3.2 为中奖购彩者提供心理帮助

在兑奖现场，彩票机构可委托专业心理咨询机构，面对面地为中奖者提供服务和帮助，告知其中奖后如何面对媒体、可能面临的法律问题以及周围人际交往的变化，如何适应新情况，面对新问题；告知其随后可提供的支持和帮助、热线电话号码或其他联系方式，做好中大奖购彩者的心理干预和矫治等。此外，彩票机构还可以通过购彩者档案，联系有相同经历的彩票大奖得主进行经验分享，为他们之间的交流提供平台。对于中大奖这种低频事件，很多中奖者都没有经验，他们都乐意通过专业机构的指导和帮助，进行良好的心理准备和心理预期，他们对这样的智力支持和心理帮助是非常需要的。彩票机构对巨奖得主的帮助，对其他购彩者也起着引领示范作用，免除了他们的后顾之忧，他们也更愿意为彩票事业做贡献，这也是减少彩票事业负效应的有力举措。

3.3.3 合理支配奖金，强制生活保险存款

针对大部分彩票大奖得主最后破产失业、贫困潦倒、结局悲惨的情况，在彩票兑奖方面，可以借鉴国外的经验，针对自制能力、理财能力以及个人综合能力评估较差的大奖得主，设计出税后一次性兑奖和多次领取或者强制生活保险存款的方式。虽然法律规定中奖奖金归中奖者自由支配，多次领取是预防一次性领取后对巨奖的非理性消费，避免导致个人和家庭陷入可怕困境，也避免中奖者大喜大悲、大起大落，避免给家庭和社会生活带来不稳定因素。而强制生活保险存款制度的设计是为了向大奖得主提供基本生活保障，兑完大奖若干年后，若因为各种原因没有收入来源，仍可以维持正常生活。强制生活保险存款至少可以成为拯救生命和家庭的最后一根“稻草”，防患于未然。

参考文献

[1] 李立清，李燕凌．企业社会责任研究［M］．北京：人民出版社，2005．

[2] 马福云．彩票利益相关方的社会责任［M］．北京：中国财政经济出版社，2015．

[3] 李海．社会责任视域下体育彩票业利益相关者分析［J］．体育科研，2015，36（1）：14-15．

[4] 申卫平．责任彩票：中国彩票的科学发展观［J］．理论前沿，2009（7）：34-35．

[5] 刘五书．中奖后的服务体系［J］．国家彩票，2015，10（28）．

[6] 窦玉沛．充分履行社会责任，再创福利彩票新辉煌［J］．社会福利，2012（2）：8-10．

[7] 张增帆．福利彩票社会效应相对性评价［J］．社会福利：理论刊，2015（12）：12-16．

Look Social Responsibility from the "Curse of Big Lottery Prize"

Zhang Zengfan

(Beijing Social Administration Vocational College, Beijing, 101601, China)

Abstract: People is focused on the person buying lottery is unable to repay that debt punters, fear of its evolved into question punters even pathological types, the big prize in the "curse of big lottery prize" for the damage caused by the ordinary life is unexpected, "heaven" windfall that many winners and their familyies will be the material wealth distortion and psychological unbalance, families breakdown, their families separated and brothers quarreled. Therefore, in addition to its customers to buy the lottery before rational psychological guidance, for the lottery punters, lotteries should assume social responsibility, to build a set of complete lottery after-sales service system, to provide comprehensive, system, safety and quality of service.

Key Words: Curse of Big Lottery Prize, Lottery Organizations, Social Responsibility

体育彩票资金使用绩效评价体系及实证研究

陈又星[1]　胡穗华[1]　钟树生[2]　梁文华[2]

（1.广东财经大学彩票研究中心，广州，510320；

2.广东省体育彩票管理中心，广州，510010）

摘　要： 我国体育彩票销售额逐年递增，2015年用于彩票发行的经费约为264.6亿元。学术界对彩票资金的研究主要集中在以下几个方面：彩票资金的管理，更多强调彩票销售收入和彩票资金的安全性问题；彩票资金的使用效率，强调彩票资金使用的合理性问题；彩票资金使用的福利公平，强调彩票公益金使用的公平性。由于彩票行业的特殊性质，目前尚无专门的绩效评价体系来针对彩票资金的使用绩效进行评价。本文根据彩票行业的特点，以体育彩票为例，探索我国体育彩票资金使用绩效评价体系及其权重，并以广东省销量最大的两个市为例进行实证研究，证明体育彩票资金使用绩效评价体系及其权重的合理性，以期为彩票行业的实际决策提供理论借鉴。

关键词： 体育彩票　资金　绩效　评价权重

1　引言

经过多年的努力，2015年全国体育彩票年销售额达到1 664亿元，与此同时，每年所筹集到的公益金逐年递增，所花费的费用包括人力资源费用、行政管理费用和业务支出费用。根据2001年《国务院关于进一步规范彩票管理的通知》的规定，从2002年1月1日起，彩票发行费用不得高于15%，其中，约一半为销售人员的代销费用（各地比例不尽相同，大部分省份为销售额的7%~8%），其余部分纳入财政专户，用于日常销售费用支出、经营支出、补助支出等，如彩票的印制、运输、发行以及相关设备的购置、维护等。按照这一规定，2014年全国体育彩票的发行费用大约为249.6亿元，这一费用也是我国体育彩票各级管理中心最主要的资金来源。

根据2009年颁布的《彩票管理条例》的规定，国务院特许发行福利彩票、体育彩票。国务院财政部门负责全国的彩票监督管理工作，国务院民政部门、体育行政部门按照各自的职责分别负责全国的福利彩票、体育彩票的管理工作。其中，体育彩票的发行、组织和销售工作由国家体育总局下属的中国体育彩票管理中心负责，是正厅级事业单位，经国家体育总局部授权，对全国体育彩票发行和销售业务负全责，实施业务领导。其主要职责是：根据国家有关制度、规定，制定体育彩票发行、销售、开奖、兑奖等具体规则，制定专业标准和技术规范，提供技术支持和技术服务，调整发行销售计划，组织联合销售，负责资金结算，检查督促各地完成国家体育总局下达的销售任务，受财政部监督等。

体育彩票的经营管理体制决定了其与一般事业单位不同：在管理上，体育彩票按事业单位进行半政府化行政管理，其部分工作职位由各级体育局委任有编制的工作人员担任，部分工作职位则面向社会招聘，其财务制度是按照事业单位会计核算制度制定的《彩票机构会计制度》。在经营上，体育彩票具有半企业、半公益性的完全市场化经营的性质。半企业的完全市场化经营是指每年需完成各级体育局下达的按一定比率增加销售额的行政指令，要完成销售额则必须直接面对众多购彩者，这是完全遵循自愿购买原则的市场化行为，同时体育彩票还面临着福利彩票的强有力竞争。而半公益性的完全市场化经营是指体育彩票发行销售的目的是筹措社会公益资金，发展社会公益事业，促进社会和谐、稳定、健康发展，具有公益性，不能以企业的利润指标来衡量。

体育彩票经营管理体制的上述特点决定了其资金使用绩效评价无法完全采用一般事业单位的资金使用绩效评价体系，也不能完全采用一般企业的资金使用绩效评价体系。

随着体育彩票管理机制改革的不断深化，各省（市、区）体育彩票管理中心所掌握的业务费用也越来越多，因此有必要对各省（市、区）体育彩票管理中心的资金使用情况进行全面、系统和长期的评价和考核，以提高资金使用的经济效益和社会效益，以便更好地开展相关业务活动，提高业务活动的质量。

2　文献综述

目前学术界对彩票资金的研究主要集中在以下几个方面：第一，彩票资金的管理问题。孙可君、牟成岗（2013）认为，上级彩票管理机构仅把实现销售收入作为硬指标加以考核，没有把资金支出和资产保值增值作为管理指标进行考核。此种考核的单一性导致下一级彩票销售机构只顾采取措施抓销售，忽视了财务管理和资金积累，导致发行费用超支、违规支出和出借资金、管理失控等问题发生。朱彤、周耀东、许力攀（2005）分析了我国彩票资金的管理问题，他们认为，用于社会公益事业发展的公益金如何提取、分配和使用，是公益金管理的关键。张向达（2008）以彩票公益金为研究对象，分析了我国彩票公益金分配和使用的方向，对比国际上彩票公益金的用途和投资领域，来验证我国彩票公益金的正义性。李刚（2008）研究发现，2001—2006年间，彩票公益金越来越多地被中央统一安排用于补充社会保障基金的不足，这一做法在某种程度上损害了体育彩票的公益性；如果彩票公益金使用合理，真正实现“取之于谁、用之于谁”，无疑将大大提高彩票的公益性。翟金扣（2008）对加强彩票内部资金管理进行了探讨，认为体彩需要从加强财务管理、提高会计人员素质、完善内部控制制度等方面加强管理。第二，彩票资金的使用效率问题。王晓玫（2008）指出，随着彩票的统一发行和彩票市场规模的扩大，提高彩票资金的使用效率显得尤为重要。彩票资金的使用效率主要体现在两个层面：“一是用对地方，即把有限的彩票资金用在最适当的地方；二是正确使用，即在彩票资金投向正确的前提下，保证资金在使用过程中不出现浪费”。第三，彩票资金使用的福利公平问题。这类研究主要针对彩票公益金的使用情况进行研究。王默（2010）采用向量自回归模型，对28个省1991—2004年间的公益金贡献率、基本生活水平、转移支付率三个因素之间的关系进行了考察；章新蓉、刘小芳（2011）利用重庆、成都、安阳、青岛和东营的购彩者和销售网点的相关调查数据建立了Tobit模型，表明不同收入组的购彩者对彩票的信任度及对彩票公益金的关注度会对其购彩支出有较为明显的影响，对彩票公益金的使用情况关注度的影响效果显著。

综上所述，国内学术界也逐步关注彩票资金使用的相关研究，但是仍然有待强化。首先，由于一些话题较为敏感，在对中国彩票资金问题进行研究时，先前的国内学者侧重于彩票资金的单方面研究，尤其是对体育彩票公益金的研究最多，对彩票发行费用的使用缺乏整体研究；其次，由于彩票相关研究数据获得途径有限，一些研究数据选取不够充足，故得出的结论有待完善。

3 广东省体育彩票资金使用绩效评价体系的层次设计

3.1 广东省体育彩票资金使用绩效评价体系的构成要素

一般而言，企业资金使用绩效主要是指企业资金配置绩效、使用效率绩效、安全监管绩效三个方面。与企业资金管理不同，体育彩票资金使用相对比较简单，因此在结合企业资金使用绩效特点的基础上，我们在对众多体育彩票行业从业人员访谈后，确定了广东省体育彩票资金使用绩效评价体系，主要涉及以下几个方面：经济绩效、社会绩效、市场与服务绩效。

3.1.1 经济绩效

体育彩票资金使用经济绩效考核，根本目的是找出体育彩票资金使用的不当之处，提高体育彩票资金使用的经济效益。在资金使用过程中，应围绕注重实效、加强应用、完善体系原则，根据评价对象的不同特点选择考核指标和标准，建立适合的绩效考核指标库；构建体育彩票资金使用经济绩效考核指标体系，切实提高资金管理效率和资金使用的经济效益。经济绩效指标主要有人员经费使用经济绩效、一般商品和服务经费使用经济绩效、业务经费使用经济绩效、资产设备使用经济绩效和单位经费贡献绩效等。

3.1.2 社会绩效

体育彩票发行是一项公益事业，不能单纯从经济效益的角度出发来衡量体育彩票资金使用绩效，还要将体育彩票所做的社会贡献纳入体育彩票资金使用绩效中来，因此体育彩票发行过程中的就业贡献率、代扣代缴中奖税金贡献率及筹集的公益金总额占财政收入比重等都要从社会绩效的角度来考核。

3.1.3 市场与服务绩效

虽然体育彩票发行是一项公益事业，体育彩票发行单位是国家事业单位，但由于福利彩票的发行和各种地下私彩的存在，实际上体育彩票的发行面临着激烈的市场竞争，尤其是来自主要竞争对手——福利彩票的竞争，因此市场增长率、市场占有率及网点服务绩效等也要纳入体育彩票资金使用绩效评价中来。

3.2 体育彩票资金使用绩效评价指标体系的确立

本文运用德尔菲法，进行了两轮指标体系筛选，请12位来自体育彩票发行中心和大学的各级管理者、专家学者进行座谈和“头脑风暴”，得到体育彩票资金使用绩效评价体系的层次设计及含义，见表1。

表1 **体育彩票资金使用绩效评价指标体系**

一级指标	二级指标	三级指标	计算方法	参照值（本栏数字需要省体彩中心计算，以便专家打分）	专家评价标准
经济绩效	人员经费使用经济绩效	本级人员成本费用率	本级人员经费÷本级同期总经费	全省人员经费÷全省同期总经费	与全省相比，中性数为1，数字越小越好
		本级人员成本贡献率	本级同期体育彩票销售额÷本级人员经费	全省同期体育彩票总销售额÷全省人员经费	与全省相比，中性数为1，数字越小越好
	一般商品和服务经费使用经济绩效	本级一般商品和服务成本费用率	本级一般商品和服务经费÷本级同期总经费	全省一般商品和服务经费÷全省同期总经费	与全省相比，中性数为1，数字越小越好
		本级一般商品和服务成本贡献率	本级同期体育彩票销售额÷本级一般商品和服务经费	全省同期体育彩票总销售额÷全省一般商品和服务经费	与全省相比，中性数为1，数字越小越好
	业务经费使用经济绩效	本级业务成本费用率	本级业务经费÷本级同期总经费	全省业务经费÷全省同期总经费	与全省相比，中性数为1，数字越小越好

续表

一级指标	二级指标	三级指标	计算方法	参照值（本栏数字需要省体彩中心计算，以便专家打分）	专家评价标准
经济绩效	资产设备使用经济绩效	专用设备利用率	本级专用设备上线数量÷本级全部专用设备数量	全省专用设备上线数量÷全省全部专用设备数量	与全省相比，中性数为1，数字越大越好
	单位经费贡献绩效	单位经费贡献率	本级总销售额÷本级总经费	全省总销售额÷全省总经费	与全省相比，中性数为1，数字越大越好
社会绩效	社会贡献绩效	代扣代缴中奖税金贡献率	本级代扣代缴中奖税金÷本级税收收入总量	全省代扣代缴税金÷全省年度税收收入总额	与全省相比，中性数为1，数字越大越好
		就业贡献率	本级彩票就业人员总数÷本级人口总数	全省彩票就业人员总数÷全省人口总数	与全省相比，中性数为1，数字越大越好
		GDP贡献率	本级销量÷本级GDP	全省销量÷全省GDP	与全省相比，中性数为1，数字越大越好
		财政收入贡献率	本级筹集公益金总额÷本级财政收入总额	全省筹集公益金总额÷全省财政收入总额	与全省相比，中性数为1，数字越大越好
市场与服务绩效	市场绩效	市场增长率	（本级报告期销量-本级基期销量）÷本级基期销量	（全省报告期销量-全省基期销量）÷全省基期销量	与全省相比，数字越大越好
		市场占有率	本级年度体彩销量÷本级年度本区域彩票销售总量	全省年度体彩销量÷全省年度本区域彩票销售总量	与全省相比，数字越大越好
	网点服务绩效	顾客满意度	本级网点调查满意数量÷本级网点总数量	全省网点调查满意数量÷全省网点总数量	与全省相比，中性数为1，数字越大越好

体育彩票资金使用绩效评价指标体系由3级共20个指标构成，其中一级指标3个，二级指标8个，三级指标14个。

3.3 体育彩票资金使用绩效评价指标体系各指标权重的确定

本文完成了体育彩票资金使用绩效评价指标体系的层次设计后，为了确定各指标权重，设计了一份调查问卷，填写者为专家和省级体彩中心人员及地市体彩中心人员。本次填写问卷者为省体彩中心及21个地市体彩中心人员和有关学者，共回收调查问卷41份，其中有效问卷38份，问卷有效率为92.68%，得到的权重见表2。

表2　**体育彩票资金使用绩效评价指标体系各指标权重**

一级指标（U_i）	权重（W_1）	二级指标（U_{ij}）	权重（W_{ij}）	三级指标（U_{ijh}）	权重（W_{ijk}）
经济绩效（U_1）	0.34	人员经费使用经济绩效（U_{11}）	0.20	本级人员成本费用率（U_{111}）	0.49
				本级人员成本贡献率（U_{112}）	0.51
		一般商品和服务经费使用绩效（U_{12}）	0.17	本级一般商品和服务成本费用率（U_{121}）	0.49
				本级一般商品和服务成本贡献率（U_{122}）	0.51
		业务经费使用经济绩效（U_{13}）	0.30	本级业务成本费用率（U_{131}）	0.49
				本级业务成本贡献率（U_{132}）	0.51
		资产设备使用经济绩效（U_{14}）	0.165	专用设备利用率（$U_{141}U_{141}$）	1.0
		单位经费贡献绩效（U_{15}）	0.165	单位经费贡献率（U_{151}）	1.0
社会绩效（U_2）	0.29	社会贡献绩效（U_{21}）	1.0	代扣代缴中奖税金贡献率（U_{211}）	0.24
				就业贡献率（U_{212}）	0.32
				GDP贡献率（U_{213}）	0.18
				财政收入贡献率（U_{214}）	0.26
市场与服务绩效（U_3）	0.37	市场绩效（U_{31}）	0.51	市场增长率（$U_{311}U_{311}$）	0.49
				市场占有率（$U_{312}U_{312}U_{312}$）	0.51
		网点服务绩效（U_{32}）	0.49	顾客满意度（U_{321}）	1.0

从表2可知，受访者认为，在体育彩票资金使用绩效评价指标体系的三大构成要素中，权重最大的是“市场与服务绩效”，其次是“经济绩效”和“社会绩效”；在“市场与服务绩效”中，最重要的是“市场绩效”，但与“网点服务绩效”差别不大；在“经济绩效”中，“业务经费使用经济绩效”最为重要；在“社会绩效”中，最重要的是“社会贡献绩效”。

3.4　综合评价表的设计

将调查结果运用到综合评价表（见表3）中的统计结果里，作为专家评价体育彩票资金使用绩效的判断依据。

表3 **体育彩票资金使用绩效综合评价表**

评价指标	统计结果		评价标准				
	某市中心数据	省中心数据	优秀	良好	一般	较差	很差
本级人员成本费用率（U_{111}）	—		1	0.8	0.6	0.4	0.2
本级人员成本贡献率（U_{112}）	—		1	0.8	0.6	0.4	0.2
本级一般商品和服务成本费用率（U_{121}）	—		1	0.8	0.6	0.4	0.2
本级一般商品和服务成本贡献率（U_{122}）	—		1	0.8	0.6	0.4	0.2
本级业务成本费用率（U_{131}）			1	0.8	0.6	0.4	0.2
本级业务成本贡献率（U_{132}）			1	0.8	0.6	0.4	0.2
专用设备利用率（U_{144}）	—		1	0.8	0.6	0.4	0.2
单位经费贡献率（U_{151}）			1	0.8	0.6	0.4	0.2
代扣代缴中奖税金贡献率（U_{211}）			1	0.8	0.6	0.4	0.2
就业贡献率（U_{212}）	—		1	0.8	0.6	0.4	0.2
GDP贡献率（U_{213}）	—		1	0.8	0.6	0.4	0.2
财政收入贡献率（U_{214}）			1	0.8	0.6	0.4	0.2
市场增长率（U_{313}）			1	0.8	0.6	0.4	0.2
市场占有率（U_{314}）			1	0.8	0.6	0.4	0.2
顾客满意度（U_{321}）			1	0.8	0.6	0.4	0.2

本文将专家打分评价标准分为五个等级，分别是优秀、良好、一般、较差和很差，且五个等级得分之和为1。

3.5 运用模糊测评模型计算体育彩票资金使用绩效的得分

将表2的权重结果和表3的综合评价表按照模糊测评模型计算，分别得到体育彩票资金使用绩效的综合测度分值和经济绩效、社会绩效、市场与服务绩效的分值，在得到体育彩票资金使用绩效的分值后，根据表4（综合测度等级分值表），对体育彩票资金使用绩效进行分析，并做出评价。

表4　　综合测度等级分值表

测度标准	优秀	良好	一般	较差	很差
分值	90~100（中值取95）	80~89（中值取85）	70~79（中值取75）	60~69（中值取65）	60以下（中值取30）

至此，体育彩票资金使用绩效评价指标体系基本建立起来了，下面我们通过实例来佐证其可靠性、有效性和可操作性。

4 体育彩票资金使用绩效的模糊定量测度模型的建立

1965年，美国加利福尼亚大学控制论专家扎德（L. A. Zadeh）在《信息与控制》杂志上发表了一篇开创性论文《模糊集合》，模糊集（fuzzy set）概念的提出奠定了模糊性理论的基础，标志着模糊数学的诞生。

当因素过多或者因素间的影响分层次时，在扎德的“∧-∨”算子下，会出现“泯灭”现象，难以得到有意义的结果。为了不让有价值的信息白白丧失，我们采用多层次模糊测度模型。该模型实际上起到了层次细分代替因素（或权重）细分的作用，具体步骤如下：

对体育彩票资金使用绩效的测度问题，往往需要考虑众多因素，因素之间还有不同的类别和层次，这时需要建立多层次模型。

定义：给定集合U，设P是将U分成k个子集的一种分法，且满足：① $\bigcup_{i=1}^{k} U_i = U$；② $U_i \cap U_j = \varnothing, \forall i,j, i \neq j$。我们称P是对U的一个划分，记为：$U/P = \{U_1, U_2, \cdots, U_k\}$。

多层次测度模型可按下述步骤进行：

（1）对因素集 $U = \{u_1, u_2, \cdots, u_k\}$ 做划分P得：$U/P = \{U_1, U_2, \cdots, U_k\} = \{U_i\}, i = 1, 2, \cdots, k$，其中 U_i 含有 n_i 个因素，记为：$U_i = \{u_{i_1}, u_{i_2}, \cdots, u_{n_i}\}$。显然有：

$$\sum_{i=1}^{k} n_i = n$$

（2）对每个 U_i，即每组，用单层次测度模型做模糊测度：

$$B_i = A_i \circ R_i (i = 1, 2, \cdots, k)$$

（3）由 $B_i (i = 1, 2, \cdots, k)$，建立高一层次的模糊矩阵：

$$R = \begin{pmatrix} B_1 \\ B_2 \\ \vdots \\ B_k \end{pmatrix}$$

设 $U_1, U_2, \cdots, U_k$ 的权向量为 $A = (a_1, a_2, \cdots, a_k)$，满足：

$$\sum_{i=1}^{k} a_i = 1$$

则二层测度模型为：

$$B = A \circ R = A \circ \begin{pmatrix} A_1 \circ R_1 \\ A_2 \circ R_2 \\ \vdots \\ A_k \circ B_k \end{pmatrix} = (b_1, b_2, \cdots, b_m)$$

由于 $B = A \circ R$ 中“$\wedge - \vee$”（取小-取大）算子有一定的局限性，为此将“$\wedge - \vee$”算子推广为更一般的合成运算。这里有四种类型：① $M(\wedge, \vee)$，主因素决定型算子；② $M(\cdot, \vee)$，主因素突出型算子；③ $M(\wedge, \oplus)$，不均衡平均型算子，其中 $\alpha \oplus \beta = \min(1, \alpha + \beta)$（有界和）；④ $M(\cdot, +)$，加权平均型算子，即普通矩阵乘法意义。该种算子能让每个因素都对综合评判有所贡献。$b_j = \sum_{i=1}^{k} a_i \cdot r_{ij}, j = 1, 2, \cdots, m$，其中要求 $\sum_{i=1}^{k} a_i = 1$，权重归一化。

在应用中，应该根据具体问题，选择合适的算子，要能够描述实际问题的本质，才能得到满意的效果，并且保证 $B = (b_1, b_2, \cdots, b_m)$ 满足 $b_j \in [0, 1] (j = 1, 2, \cdots, m)$。

5 实证分析

5.1 实证对象

本文选择广东省体育彩票发展比较有特点的省会城市——广州市作为体育彩票资金使用绩效评价指标体系的应用例子，收集了全省平均数和广州市2011、2012年度体育彩票资金使用的相关数据，具体见表5和表6。

表5 广东省和广州市2011年度资金使用评价表

三级指标	广州市	广东省	评价标准				
			优秀	良好	一般	较差	差
本级人员成本费用率 （本级人员经费÷本级同期总经费）	6.36%	16.38%	0.91	0.09	0.0	0.0	0.0
本级人员成本贡献率 （本级同期体育彩票销售额÷本级人员经费）	1 158	225	0.91	0.0	0.09	0.0	0.0
本级一般商品和服务成本费用率 （本级一般商品和服务经费÷本级同期总经费）	3.69%	7.9%	0.82	0.18	0.0	0.0	0.0
本级一般商品和服务成本贡献率 （本级同期体育彩票销售额÷本级一般商品和服务经费）	1 997	474	0.91	0.0	0.09	0.0	0.0
本级业务成本费用率 （本级业务经费÷本级同期总经费）	58.13%	75.7%	0.64	0.18	0.09	0.09	0.0

续表

三级指标	广州市	广东省	评价标准				
			优秀	良好	一般	较差	差
本级业务成本贡献率 （本级同期体育彩票销售额÷本级业务经费）	127	49	0.64	0.27	0.09	0.0	0.0
专用设备利用率 （本级专用设备上线数量÷本级全部专用设备数量）	89.78%	94.27%	0.0	0.27	0.46	0.27	0.0
单位经费贡献率 （本级总销售额÷本级总经费）	74	37	0.64	0.27	0.09	0.0	0.0
财政收入贡献率 （本级筹集公益金总额÷本级财政收入总额）	0.20%	0.176%	0.27	0.64	0.09	0.0	0.0
代扣代缴中奖税金贡献率 （本级年度代扣代缴中奖税金÷本级税收收入总量）	2.35%	2.03%	0.27	0.37	0.27	0.09	0.0
就业贡献率 （本级彩票就业人员总数÷本级人口总数）	0.12%	—	0.18	0.27	0.55	0.0	0.0
GDP贡献率 （本级销量÷本级 GDP）	0.22%	0.18%	0.64	0.37	0.09	0.0	0.0
市场增长率 （（本级报告期销量-本级基期销量）÷本级基期销量）	30.19%	26.14%	0.44	0.56	0.0	0.0	0.0
市场占有率 （本级年度体彩销量÷本级年度本区域彩票销售总量）	53.5%	40.12%	1.0	0.0	0.0	0.0	0.0
顾客满意度 （本级网点调查满意数量÷本级网点总数量）	89.98%	89.98%	0.27	0.64	0.09	0.0	0.0

表 6 **广东省和广州市2012年度资金使用评价表**

三级指标	广州市	广东省	评价标准				
			优秀	良好	一般	较差	很差
本级人员成本费用率 （本级人员经费÷本级同期总经费）	4.66%	14.40%	1.0	0.0	0.0	0.0	0.0
本级人员成本贡献率 （本级同期体育彩票销售额÷本级人员经费）	1 156	201	0.91	0.0	0.09	0.0	0.0
本级一般商品和服务成本费用率 （本级一般商品和服务经费÷本级同期总经费）	2.77%	4.6%	0.82	0.18	0.0	0.0	0.0
本级一般商品和服务成本贡献率 （本级同期体育彩票销售额÷本级一般商品和服务经费）	1 942	642	0.82	0.09	0.09	0.0	0.0

续表

三级指标	广州市	广东省	评价标准				
			优秀	良好	一般	较差	很差
本级业务成本费用率 （本级业务经费÷本级同期总经费）	59.34%	80.96%	0.64	0.27	0.09	0.0	0.0
本级业务成本贡献率 （本级同期体育彩票销售额÷本级业务经费）	91	36	0.73	0.18	0.09	0.0	0.0
专用设备利用率 （本级专用设备上线数量÷本级全部专用设备数量）	96.50%	91.63%	0.54	0.27	0.09	0.0	0.0
单位经费贡献率 （本级总销售额÷本级总经费）	54	29	0.91	0.09	0.0	0.0	0.0
财政收入贡献率 （本级筹集公益金总额÷本级财政收入总额）	0.19%	0.18%	0.18	0.64	0.18	0.0	0.0
代扣代缴中奖税金贡献率 （本级年度代扣代缴中奖税金÷本级税收收入总量）	1.56%	1.58%	0.0	0.64	0.27	0.0	0.09
就业贡献率 （本级彩票就业人员总数÷本级人口总数）	0.12%	—	0.27	0.18	0.27	0.18	0.1
GDP贡献率 （本级销量÷本级 GDP）	0.23%	0.18%	0.64	0.27	0.0	0.09	0.0
市场增长率 （（本级报告期销量-本级基期销量）÷本级基期销量）	5.76%	8.49%	0.0	0.11	0.78	0.11	0.0
市场占有率 （本级年度体彩销量÷本级年度本区域彩票销售总量）	47.6%	37.82%	0.67	0.33	0.0	0.0	0.0
顾客满意度 （本级网点调查满意数量÷本级网点总数量）	93.32%	93.92%	0.31	0.69	0.0	0.0	0.0

5.2 具体计算分析

本部分以广州市2011年度体育彩票资金使用绩效为例进行评价。

5.2.1 经济绩效（U_1）模糊测度

（1）对经济绩效中的人员经费使用经济绩效因素（U_{11}）进行模糊定量测度。

U_{111}的模糊评价矩阵：

$$R_{11}=\begin{bmatrix}0.91 & 0.09 & 0.0 & 0.0 & 0.0\\0.91 & 0.0 & 0.09 & 0.0 & 0.0\end{bmatrix}$$

权重向量 A_1=（0.49，0.51），根据影响人员经费使用经济绩效的多因素原因，为了能让每个因素都对综合评判有所贡献，本文选择“M(·,+)，加权平均型算子”，即普通矩阵乘法意义，计算得：$B_{11}=A_{11}\cdot R_{11}$=（0.91，0.04，0.05，0.0，0.0）。由最大隶属度原则可知，在经济绩效层次因素评价中，对人员经费使用经济绩效的评价是0.91。根据五级评判原则，属于优秀的范畴，反映出人员经费使用经济绩效非常好。

（2）根据同样的计算原理，对经济绩效中的一般商品和服务经费使用经济绩效因素（U_{12}）进行模糊定量测度。

$$R_{12}=\begin{bmatrix}0.82 & 0.18 & 0.0 & 0.0 & 0.0\\0.91 & 0.0 & 0.09 & 0.0 & 0.0\end{bmatrix}$$

权重向量 A_{12}=（0.49，0.51），计算得：$B_{12}=A_{12}\cdot R_{12}$=（0.86，0.09，0.05，0.0，0.0）。由最大隶属度原则可知，在经济绩效层次因素评价中，对一般商品和服务经费使用经济绩效的评价是0.86。根据五级评判原则，属于优秀的范畴，反映出人员经费使用经济绩效非常好。

（3）对经济绩效中的业务经费使用经济绩效因素（U_{13}）进行模糊定量测度。

$$R_{13}=\begin{bmatrix}0.64 & 0.27 & 0.09 & 0.0 & 0.0\\0.73 & 0.18 & 0.09 & 0.0 & 0.0\end{bmatrix}$$

权重向量 A_3=（0.49，0.51），计算得：$B_{13}=A_{13}\cdot R_{13}$=（0.69，0.22，0.09，0.0，0.0）。由最大隶属度原则可知，在经济绩效层次因素评价中，对业务经费使用经济绩效的评价是0.69。根据五级评判原则，属于优秀的范畴，反映出业务经费使用经济绩效非常好。

（4）对经济绩效中的资产设备使用经济绩效因素（U_{14}）进行模糊定量测度。

$$R_{14}=\begin{bmatrix}0.0 & 0.27 & 0.46 & 0.27 & 0.0\end{bmatrix}$$

权重向量 A_{14}=1，计算得：$B_{14}=A_{14}\cdot R_{14}$=（0.0，0.27，0.45，0.27，0.0）。由最大隶属度原则可知，在经济绩效层次因素评价中，对资产设备使用经济绩效的评价是0.46。根据五级评判原则，属于一般的范畴，反映出资产设备使用经济绩效较为一般，存在较大的改进空间。

（5）对经济绩效中的单位经费贡献绩效因素（U_{15}）进行模糊定量测度。

$$R_{15}=\begin{bmatrix}0.91 & 0.09 & 0.0 & 0.0 & 0.0\end{bmatrix}$$

权重向量 A_{15}=1，计算得：$B_{15}=A_{15}\cdot R_{15}$=（0.91，0.09，0.0，0.0，0.0）。由最大隶属度原则可知，在经济绩效层次因素评价中，对单位经费贡献绩效的评价是0.91。根据五级评判原则，属于优秀的范畴，反映出单位经费贡献绩效非常好。

5.2.2 社会绩效（U_2）模糊测度

对社会贡献绩效因素（U_{21}）进行模糊定量测度。

$$R_{21}=\begin{bmatrix}0.27 & 0.64 & 0.09 & 0.0 & 0.0\\0.27 & 0.37 & 0.27 & 0.0 & 0.0\\0.18 & 0.27 & 0.55 & 0.0 & 0.0\\0.64 & 0.37 & 0.09 & 0.0 & 0.0\end{bmatrix}$$

权重向量A_{21}=（0.24，0.32，0.18，0.26），计算得：$B_{21}=A_{21}\cdot R_{21}$=（0.35，0.54，0.11，0.0，0.0）。由最大隶属度原则可知，在经济绩效层次因素评价中，对社会贡献绩效的评价是0.54。根据五级评判原则，属于较好的范畴，反映出社会贡献绩效较好。

5.2.3 市场与服务绩效（U_3）模糊测度

（1）对市场与服务绩效中的市场绩效（U_{31}）进行模糊测度。

U_{31}的模糊测度矩阵为：

$$R_{31}=\begin{bmatrix}0.44 & 0.56 & 0.0 & 0.0 & 0.0\\1.0 & 0.0 & 0.0 & 0.0 & 0.0\end{bmatrix}$$

权重向量A_{31}=（0.49，0.51），计算得：$B_{31}=A_{31}\cdot R_{31}$=（0.73，0.27，0.0，0.0，0.0）。由最大隶属度原则可知，在市场与服务绩效层次因素评价中，对市场绩效的评价是0.73。根据五级评判原则，属于优秀的范畴，反映出市场绩效非常好。

（2）对市场与服务绩效中的网点服务绩效（U_{32}）进行模糊测度。

U_{32}的模糊测度矩阵为：

$$R_{32}=[0.09\ 0.64\ 0.27\ 0.0\ 0.0]$$

权重向量A_{32}=1，计算得：$B_{32}=A_{32}\cdot R_{32}$=（0.27，0.64，0.09，0.0，0.0）。由最大隶属度原则可知，在市场与服务绩效层次因素评价中，对网点服务绩效的评价是0.64。根据五级评判原则，属于较好的范畴，反映出网点服务绩效比较好。

5.2.4 对广州市2011年度体育彩票资金使用绩效进行总的评价

（1）经济绩效二级指标权重向量为A_J=（0.20，0.17，0.30，0.165，0.165），模糊测度矩阵为：

$$R_J=\begin{bmatrix}0.95 & 0.0 & 0.05 & 0.0 & 0.0\\0.86 & 0.09 & 0.05 & 0.0 & 0.0\\0.69 & 0.22 & 0.09 & 0.0 & 0.0\\0.00 & 0.27 & 0.46 & 0.27 & 0.0\\0.91 & 0.09 & 0.0 & 0.0 & 0.0\end{bmatrix}$$

计算得：

$$B_J=A_J\cdot R_J=(0.20，0.17，0.30，0.165，0.165)\times\begin{bmatrix}0.95 & 0.00 & 0.05 & 0.0 & 0.0\\0.86 & 0.09 & 0.05 & 0.0 & 0.0\\0.69 & 0.22 & 0.09 & 0.0 & 0.0\\0.00 & 0.27 & 0.46 & 0.27 & 0.0\\0.91 & 0.09 & 0.0 & 0.0 & 0.0\end{bmatrix}$$

$$=(0.69，0.15，0.12，0.04，0.0)$$

（2）社会贡献绩效二级指标权重向量为A_S=1，模糊测度矩阵为：

R_S=[0.35 0.54 0.11 0.0 0.0]

计算得：

$B_S=A_S \cdot R_S$=（0.35，0.54，0.11，0.0，0.0）

（3）市场与服务绩效二级指标权重向量为A_f=（0.51，0.49），模糊测度矩阵为：

$$R_f=\begin{bmatrix}0.73 & 0.27 & 0.0 & 0.0 & 0.0\\0.27 & 0.64 & 0.09 & 0.0 & 0.0\end{bmatrix}$$

计算得：

$B_F=A_f \cdot R_f$=（0.50，0.45，0.05，0.0，0.0）

（4）一级指标权重向量为A_z=（0.34，0.29，0.37），模糊测度矩阵为：

$$R_z=\begin{bmatrix}0.69 & 0.15 & 0.12 & 0.04 & 0.0\\0.35 & 0.54 & 0.11 & 0.0 & 0.0\\0.50 & 0.45 & 0.05 & 0.0 & 0.0\end{bmatrix}$$

计算得：

$B_z=A_z \cdot R_z$=（0.52，0.37，0.09，0.02，0.0）

根据表2至表4可得，体育彩票资金使用绩效综合测度的分值为：

F_{2011A}=（0.52，0.37，0.09，0.02，0.0）·（95，85，75，65，30）=88.9

5.2.5 计算结果评价

由上述计算可知，广州市2011年度体育彩票资金使用绩效综合测度的分值F_{2011A}=88.9，说明广州市2011年度体育彩票资金使用绩效为良好。如果从资金使用的三大层次来分析，社会绩效层次为良好，其他层次即经济绩效层次、市场与服务绩效层次均为优秀，说明社会绩效层次还存在较大的改进余地。

6 研究结论与局限性

6.1 研究结论

本文构建的体育彩票资金使用绩效评价指标体系是针对我国彩票行业资金使用绩效的综合评价体系，经过指标构建、权重确定和实证分析，证明该指标体系具有较好的可行性，能够为体育彩票管理机构提供相应的分析、评价和决策依据，为体育彩票管理机构的精确化管理奠定了基础。

6.2 研究局限性

第一，由于部分数据的取得很困难，在实证分析环节，资产设备使用经济绩效方面的数据不完整，部分影响了最终的计算结果，需要在下一步研究中不断完善。

第二，本文在实证分析中采用的比较数据是省级体彩中心的数据，而不是全省各体彩中心的汇总数据，这使得本研究具有一定的局限性。

参考文献

[1] 孙可君，牟成岗. 福利彩票资金管理存在的问题及对策 [J]. 中国审计，2003（4）：44-45.

[2] 朱彤，周耀东，许力攀. 我国彩票市场结构与政府监管体制研究 [M]. 北京：中国商业出版社，2005.

[3] 张向达. 彩票公益金价值的正义性分析——兼论教育彩票的必要性 [J]. 财政研究，2008（4）：47-50.

[4] 李刚. 对当前我国体育彩票业社会福利效应的评价 [J]. 体育科学，2008（10）：32-40.

[5] 翟金扣. 关于加强彩票内部资金管理的探讨 [J]. 魅力中国，2008（5）：59-60.

[6] 闫成芳. 福利公平性视角下中国彩票资金问题研究 [D]. 上海：上海师范大学，2014.

[7] 王默. 福利彩票公益金筹集效率及福利效果分析 [D]. 济南：山东大学，2010.

[8] 王晓玫. 中国彩票工作 [M]. 北京：北京大学出版社，2008.

[9] 章新蓉，刘小芳. 福利公平视角下彩票公益金问题研究 [J]. 企业经济，2011（10）：158-160.

[10] 谢季坚，刘承平. 模糊数学方法及其应用 [M]. 武汉：华中科技大学出版社，2006.

An Empirical Research on Performance Evaluation System of Using of Sports Lottery Fund

Chen Youxing[1] Hu Suihua[1] Zhong Shusheng[2] Liang Wenhua[2]

（1.Lottery Research Center of Guangdong University of Finance and Economics，Guangzhou，510320，China；2.Guangdong Sport Lottery Center，Guangzhou，510010，China）

Abstract: Sports lottery sales increased year by year in China. Lottery funds for the issue are about ￥26.46 billion. The research on the lottery fund is mainly concentrated in the following aspects: the management of lottery funds，more emphasis on the security of lottery sales and lottery funds；the use efficiency of lottery funds，the rationality of the use of lottery funds；the welfare fairness of lottery funds using，emphasizing the fairness of the use of lottery funds. There is no special performance evaluation system for the using performance of lottery funds because of the special nature of the lottery industry. The paper explores the performance evaluation system and its weights of sports lottery by taking sports lottery as an example according to the characteristics of the lottery industry. The rationality of the performance evaluation system and its weight has been proved by taking two cities of Guangdong Province as an example, it will provide a reference for the actual decision-making of the lottery industry.

Key Words: Sports Lottery, Fund Using, Performance, Evaluation Weight

第四部分

彩票绿色生产与销售

4 Green Production and Sales for Lottery

彩票服务商的社会责任探索
——鸿博股份与残疾人事业

尤友岳

（鸿博股份有限公司，福州市，350002）

摘　要：鸿博股份作为福利彩票重要的服务商之一，积极践行福利彩票倡导的“扶老、助残、救孤、济困”社会责任。本文通过对鸿博股份助残工作的回顾，总结了开展助残事业的部分经验，并对新形势下开展助残工作、履行彩票服务商的社会责任提出了建议。

关键词：彩票服务商　社会责任　鸿博股份

1　鸿博股份简介

鸿博股份有限公司（以下简称“公司”）成立于1999年6月，总部位于福建省福州市仓山区。公司以安全印务为主营业务，是中国彩票印制行业的龙头企业之一，于2008年5月在深圳证券交易所中小企业板上市。

目前公司业务涵盖票据印刷、高端包装印刷、RFID智能标签制作、数字印刷、网络数据技术服务与研发、彩票无纸化销售与研发等领域，业务布局由单一印制业务发展为多种业务协同发展，并建成福州、无锡、北京、泸州、重庆五大数字化印刷基地，完成了布局全国的战略格局。

公司2003年进入热敏纸彩票印制服务领域，成为体育彩票和福利彩票的供应商；2009年，公司收购福彩热敏纸供应商无锡双龙信息纸有限公司，进入彩票游戏研发和电子彩票销售领域；2015年，公司涉足彩票网点管理和热敏纸配送系统服务，并于年底获得北京中科彩技术有限公司控股权，成为体育彩票即开票供应商。

2　鸿博股份助残事业开展情况

2.1　残疾员工就业情况

公司自成立以来，一直致力于残疾人事业，积极开展残疾人培训、就业等工作，先后被评为“全国先进残疾人之家”、“全国志愿助残示范基地”和“福建省十佳残疾人就业示范基地”。公司除了采用社会招聘、各级残疾人联合会推荐就业等方式外，还为福州市聋哑学校、南平特殊教育学校、三明特殊教育学校建立了就业实习基地，采用校企合作方式委托开设了一些与残疾人就业岗位紧密相关的培训课程，并安排在校残疾学生到公司实习，让实习生免面试入职。目前，公司本部安排了162名残疾员工就业，占本部职工总人数的36.0%。

公司对残疾员工特别关注，特意选择适合其身体情况的工作岗位，在生活中也给予相应的照顾。公司要求残疾员工的直接领导、人力资源部、办公室工作人员学习手语，能直接和残疾员工交流；公司内部另配置手语翻译岗，帮助残疾员工在工作中与其他员工交流、协调。

公司于2010年7月成立了鸿博动漫梦工厂培训基地，旨在培训怀有动漫设计梦想的残疾人，并致力于“关爱残疾人”宣传。鸿博动漫梦工厂在2011年创作了关于智障儿童的动漫短片《放飞梦想》和《成长快乐》，《放飞梦想》的片名由中残联主席团主席张海迪亲笔题写，被纳入国际特殊奥林匹克运动会项目成果。

公司努力维护残疾人在工作中升职的平等机会，部分残疾员工走上了管理岗位，为实现自身价值奠定了基础。

图1是公司残疾员工管理和非管理岗位情况。

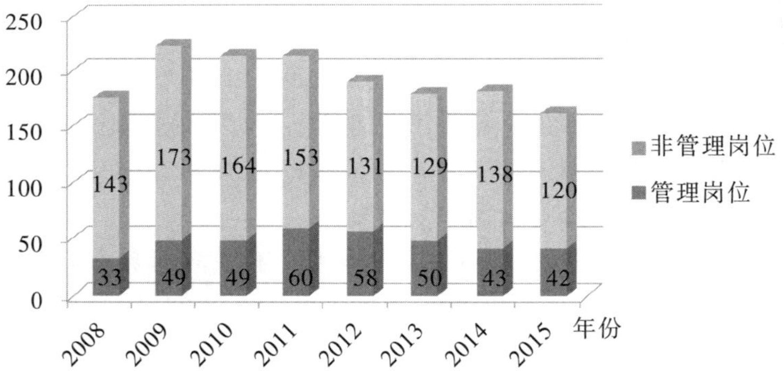

图1 公司残疾员工管理和非管理岗位情况（单位：人）

2.2 残疾员工薪酬福利

公司重视残疾人劳动报酬方面的保障，严格遵守国家的法律法规，对残疾员工执行同等的薪酬政策和薪酬标准，并根据市场情况及公司经营效益按年度进行调整，最大限度保障残疾员工享有平等的薪资待遇和宽松的发展环境。公司2008—2016年残疾员工人均薪酬保持较高增长速度，薪酬水平与公司一般生产性员工持平，如图2所示。

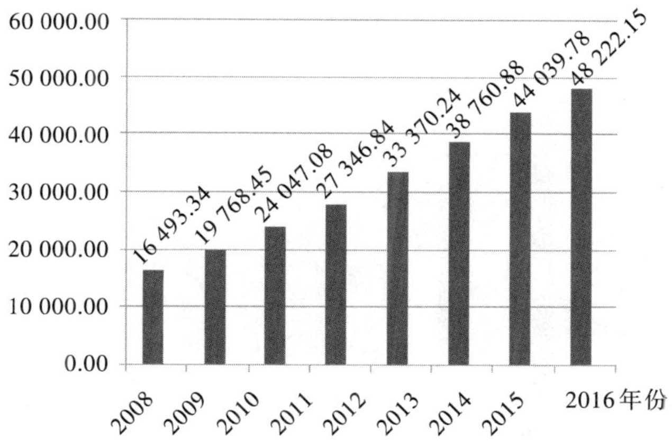

图2　残疾员工年人均薪酬（单位：元）

公司为残疾员工营造了良好的生活环境。公司园区内有员工宿舍，主要安排残疾员工及家属入住，并配建了食堂、篮球场、多功能娱乐厅等文化活动场所，为员工提供生活上的便利。

为丰富残疾员工的业余生活，公司每年定期组织本部残疾员工进行户外拓展、健康体检，以及棋牌、手工艺品展示等文体娱乐活动。这些集体活动增强了残疾员工的归属感，也锻炼了残疾员工的意志，增强了他们的生活的信心。公司每年拨付相应的资金用于残疾员工的健康、旅游等支出，如图3所示。

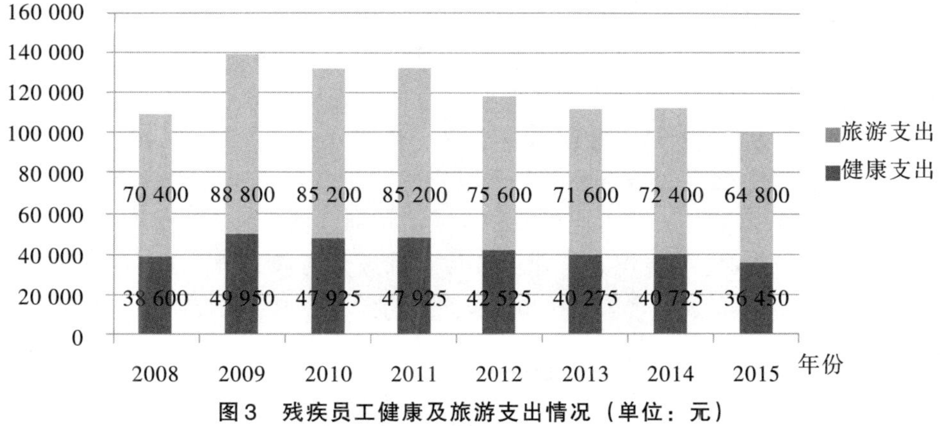

图3　残疾员工健康及旅游支出情况（单位：元）

2.3　公司助残公益事业投入情况

作为一家福利企业，公司一直倡导和践行“关注残疾人问题，关爱残疾人”，在扶持残疾人再就业、热心残疾人公益事业等方面走在了非公有制企业的前列。

公司从成立以来，一直致力于助残及公益事业，每年拨出专款用于公益事业支出。除公司内部设立助残专项基金外，公司每平还在抗震救灾、扶助贫困学生、捐赠养老事业等方面根据业绩情况安排公益捐赠，如图4所示。

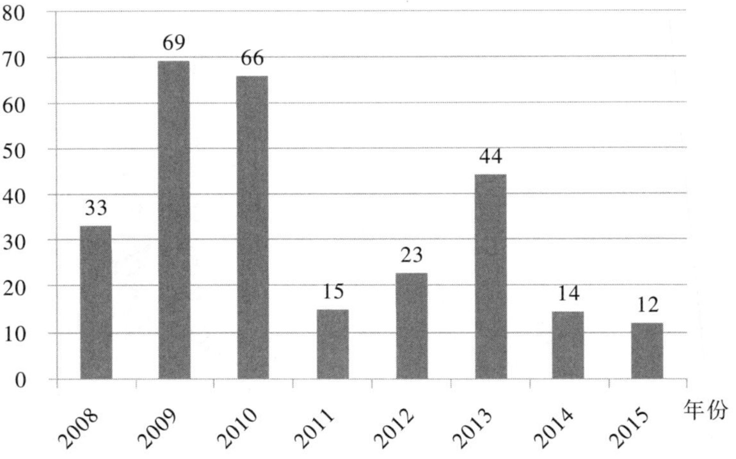

图4　公司历年公益捐赠情况（单位：万元）

3　公司开展助残事业的经验总结

3.1　助残事业应以政策为导向

助残事业属于残疾人服务体系，是政府公共服务的一部分，因此政府的作用显得尤为重要。《中华人民共和国残疾人保障法》、《残疾人就业条例》（中华人民共和国国务院令第488号）、《中共中央、国务院关于促进残疾人事业发展的意见》（中发〔2008〕7号）等法律法规有效、合理分配了各方面资源，对残疾人就业等进行统筹，提升了服务体系的覆盖率。

公司接受政府指导，努力开展残疾人职业培训、就业服务，为残疾员工提供生活帮助，制定和完善残疾人事业服务体系和绩效考核标准，进一步提升服务能力。

3.2　职业培训与就业服务相结合

残疾人就业服务是公司扶助残疾人事业的工作重点。公司首先找准残疾人就业的难点，从文化素质和技能着手，根据残疾员工自身条件的限制，开展相应的技能培训，提升采集员工的文化水平。通过职业培训与就业服务相结合，公司进一步提升了助残工作水平。

3.3　注重残疾员工身心发展

残疾员工由于身体条件的缺陷和心理障碍，易于受到外界的负面影响，导致自信心不足，影响工作和生活。公司开展扶助残疾人事业，充分重视残疾员工的身心发展。一方面，提供宽松的就业环境和符合其自身条件的岗位，重视残疾人就业报酬方面的保障，维护残疾人在工作中升职的平等机会，确保配置合理的劳动报酬、生活福利等方面的基本权益；另一方面，通过各种培训、讲座、户外活动、心理咨询服务等提升残疾员工的职业心理素质，帮助残疾人自强自立。

3.4 鼓励残疾人参与社会活动

公司参与创建了福建省残疾人艺术团，鼓励残疾员工参与社会活动，在省、市重要活动中展现残疾人的艺术风采，得到了社会各界的广泛认可。公司根据员工的运动技能，为员工提供带薪训练机会。公司员工陈美霞参加了上海世界特奥会，获得柔道冠军；柳烟标参加全国残运会，获得跳远等项目的奖牌。公司的残疾人运动员在体育竞技的舞台上为实现人生价值而奋斗。

4 对彩票服务商开展助残事业的相关建议

4.1 建立彩票服务商的社会责任体系

彩票业的迅速发展为国家福利事业的发展做出了突出贡献，充分体现了彩票业在社会事业发展中的作用。随着社会对彩票社会责任的关注度越来越高，作为彩票服务商，公司积极践行福利彩票倡导的“扶老、助残、救孤、济困”的社会责任。建立彩票服务商社会责任体系，推行规范的社会责任标准，对于履行彩票社会责任、开展社会助残事业将起到指导性作用。

首先，推行彩票服务商的标准化社会责任认证，加强对彩票企业管理者的社会责任意识教育，创造良好的社会氛围，鼓励企业家勇于承担社会责任，并对行业内的优秀者进行表彰，大力弘扬彩票行业的企业家精神。其次，认证标准应该围绕彩票所倡导的“扶老、助残、救孤、济困”制定，同时引进完善的认证管理模式和推广体系，使彩票社会责任认证具有权威性和指导性。最后，政府相关部门应为企业提供一定的资金和技术支持，为彩票企业开展社会责任认证提供服务。

4.2 平衡彩票服务项目招投标的市场性和公益性

彩票服务相关项目的市场性主要体现为价格竞争，公益性体现为社会责任履行能力及履行情况。市场性是行业发展的前提条件，彩票作为特殊行业，应在尊重其市场性的条件下，充分发挥其公益性，为社会公益事业的发展提供支持。

彩票业相关服务包括游戏设计和评估、彩票热敏纸印刷、投注系统及设备、营销服务以及产品运输等，市场规模巨大，企业众多。从彩票热敏纸印刷来看，由于招投标模式的变化，产品价格竞争激烈，毛利率不断下降，对相关企业履行社会责任、开展助残事业产生了不利影响。

图5为A股上市公司彩票热敏纸毛利率的变化情况。

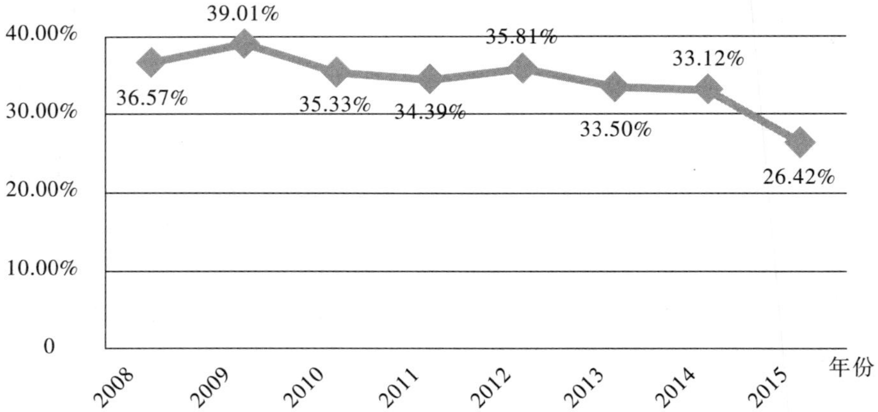

图5 A股上市公司彩票热敏纸毛利率变动

为提高彩票企业参与扶老、助残等社会公益事业的积极性，充分发挥彩票的公益属性，彩票主管部门在招投标过程中应进一步平衡项目的市场性和公益性，对于投标企业参与扶老、助残等公益项目的社会责任履行能力进行评价。

鸿博股份有限公司在彩票服务领域深耕13年，作为一家与中国彩票事业一同发展壮大的福利企业，以“扶老、助残、救孤、济困”为己任，在残疾人扶助事业上积累了众多经验，也期望与彩票上下游服务商携手中国福利彩票发行管理中心，共同推进中国公益事业的发展!

参考文献

马福云．彩票利益相关方的社会责任［M］．北京：中国财政经济出版社，2015．

Explore Social Responsibility of Lottery Service Providers—Hongbo and the Disabled Cause

You Youyue

(Hongbo Company Limited，Fuzhou，350002，China)

Abstract: As one of the major welfare lottery service providers，Hongbo actively practices the social responsibility of “supporting the elderly，help the disabled, aid orphans and care for the person in difficulties", which is advocated by Welfare Lottery. This article, by reviewing Hongbo's commitment to the disabled, summarizes a part of experience in supporting the disabled and puts forward a few suggestions as to how to develop this good cause and practice social responsibility as a lottery service provider.

Key words: Lottery Service Providers, Social Responsibility, Hongbo

即开型彩票配送策略研究

温宗良[1]　林　洁[2]

（1.华南理工大学，广州，510640；2.广东财经大学，广州，510320）

摘　要： 随着即开型彩票由卖场集中销售转变为网点分散销售，如何高效地开展即开型彩票配送成为急需解决的问题。本文通过分析自营物流配送模式、第三方物流配送模式、自营物流+第三方物流配送模式、物流联盟模式等四种配送模式，指出利用第三方物流进行即开型彩票配送可以实现配送中心的统一规划，对物流需求信息进行整合，降低配送成本，提高配送效率。

关键词： 即开型彩票　第三方物流　配送

1　前言

即开型彩票是指购买者在购票后立即就可了解中奖与否的彩票，即奖金事先印在票面上，但被一层薄薄的乳胶镀膜所覆盖，购买人只需即时刮开涂层，中奖者就可当即兑奖。由于这种彩票相当便利，无须等待开奖时间，所以一出现就引起人们极大的兴趣，并得到迅速发展。自2008年国家体育总局彩票管理中心与全球著名即开型彩票运营商美国科赛公司合作，引入国际最先进的即开型彩票印刷技术和管理系统以来，我国即开型彩票销售格局突变，网点分散销售迅速取代卖场集中销售，成为主流的即开型彩票销售方式。为了适应网点分散销售模式，如何高效地开展即开型彩票配送已成为急需解决的问题。现行的即开型彩票主流配送方式是区域经理（专管员）责任制，即由省票库下拨到县市票库，再由专管员送达各个网点。然而，随着社会经济的发展，第三方物流迅速崛起，区域经理责任制彩票配送方式逐渐显现出其不足之处：彩票配送响应不及时、配送成本过高、人力资源成本增加、压票现象严重等问题不断出现。

2　现有物流配送模式

目前，我国物流配送模式主要有自营物流配送模式、第三方物流配送模式、自营物流+第三方物流配送模式、物流联盟模式。

2.1　自营物流配送模式

自营物流配送模式即企业自己经营物流配送，完成企业的物流配送服务。目前我国的自营物流配送模式主要有两种：一是企业规模较大，实力雄厚，且物流配送对于企业的持续发展非常重要；二是大型企业自己经营电子商务网站，本身就具备较完善的物流配送中心，能够满足电子商务物流配送的需求。自营物流配送模式的优势在于企业能够自己控制的物流，易于调配企业内部资源，满足顾客的多样性需求。但是自营物流配送模式往往在前期投入过多资金，不利于企业集中精力发展核心业务；在企业配送业务低谷时造成资源浪费，而在企业配送高峰时往往供不应求。

2.2　第三方物流配送模式

第三方物流配送模式和自营物流配送模式是相对的，也称外包物流，指由物流劳务的供方、需方之外的第三方去完成物流服务的方式。第三方物流企业致力于为物流需求企业提供专业的个性化物流配送服务。企业将自己的物流配送业务外包，有利于集中精力发展本企业的核心业务，降低成本，减少资本积压，提高企业经营效率。但是由于我国物流业起步较晚，第三方物流的发展尚未成熟。由第三方物流提供的配送服务往往难以满足顾客对物流服务的多样化需求。另外，企业将物流业务外包易失去对本企业物流业务的控制。

2.3　自营物流+第三方物流配送模式

自营物流和第三方物流组合的配送模式是在我国特殊经济环境下产生的一种特殊的组合配送模式。这是由于企业本身不具备自营物流的能力，第三方物流又难以满足企业的需要，这就导致很多企业自己经营一部分物流配送业务，而将另一部分物流配送业务外包。采用自营物流和第三方物流组合的配送模式，有利于企业控制自己的主要物流业务，并相应降低资本积压。但采用这种物流配送模式仍需要投入较多的资金，易造成浪费。

2.4　物流联盟模式

物流联盟是以物流为合作基础的企业战略联盟，它是指两个或多个企业之间，为了实现自己的物流战略目标，通过各种协议、契约结成的优势互补、风险共担、利益共享的松散型网络组织。物流联盟产生的根本原因是利益，它是为了实现企业间的共赢而存在的。它是一种介于自营物流配送模式和第三方物流配送模式之间的模式，可以降低这两种模式的风险。组建物流联盟属于企业的一项物流战略，其重要性是不言而喻的。物流联盟的建立有利于企业间资源共享，降低交易费用，提高物流服务水平，相互学习先进的物流技术和物流管理技巧。但是，物流联盟模式具有长期性、稳定性的特点，不利于企业对物流合作伙伴进行调整。因此，企业在选择物流联盟的合作伙伴时，要进行全面而周全的考虑。

3 影响物流配送模式选择的主要因素

我国的物流配送模式都存在各自的优势和劣势，没有最优模式，适合企业实际情况的才是最优的。因此，在选择企业的物流配送模式时，应结合具体情况做出合理选择，不能盲目效仿，需要考虑的因素考查配送成本、配送质量、企业内部因素、其他因素。

3.1 配送成本

配送成本是影响企业选择物流配送模式的重要因素。企业都倾向于选择配送成本较低的方案，这样才能使企业具有发展优势。物流配送成本包括运输配送费用、库存成本和管理费用三个方面。

3.2 配送质量

配送质量是企业追求的目标。企业致力于用尽可能低的物流配送成本提供尽可能高的物流配送服务。配送质量主要考查及时性、准确性、安全性及顾客满意度四个方面。

3.3 企业内部因素

企业内部因素主要是指企业自身的实力及产品的特性，是企业选择物流配送模式时首先要考虑的因素。企业内部因素主要包括企业自身的实力和规模、配送管理能力、产品的特性。

3.4 其他因素

其他因素主要包括政府政策法规和物流市场环境。我国政府经济管理部门作为宏观物流管理的主体，近年来在物流规划、物流政策制定等方面发挥着积极的作用。在选择物流配送模式时，要考虑政府政策法规对物流配送的积极作用。

4 即开型彩票的配送方式设计

即开型彩票的配送要求效率高、及时、安全性高。彩票在印刷中心生产出来，之后集中到省市的票库，然后运输到各个县市的票库，再由区域彩票机构配送到各个网点。这条供应链的中间环节多、比较乱，这导致彩票的配送过程容易发生意外。为提高即开型彩票配送效率，保证彩票配送安全，应采用第三方物流进行配送。

4.1　第三方物流的优势

第三方物流是指生产企业为集中精力搞好主业，把原来属于自己业务的物流活动，以合同方式委托给专业的物流服务企业，同时通过信息系统与物流企业保持密切联系，以达到对物流全程管理和控制的一种物流运作与管理方式。第三方物流可发挥专业化与规模经营的优势，将社会物流进行整合，实现规模化经营，达成社会物流信息、资源的共享，降低生产企业和物流企业的经营成本，也使社会资源得以有效配置，实现社会整体效益。

4.2　第三方物流的选择

即开型彩票在配送过程中对安全性要求很高，特别是在防伪保安方面，要对消费者负责，也要确保公益事业的发展。在选择第三方物流企业时，要充分考查该企业的信誉度、运输能力等因素。

4.3　运用第三方物流进行彩票配送

即开型彩票配送属于区域范围配送，利用第三方物流，可以实现配送中心的统一规划，对物流需求信息进行整合，从而实现集中配送。这不仅可以实现交叉配送，还可以实现集取配送，在配送彩票的同时将获奖彩票统一回收，降低配送成本，提高配送效率。

（1）建立物流管理信息系统，实时跟踪彩票运输过程。联合生产企业、第三方物流企业、网点，建立管理信息平台，整合信息资源，实现实时监控，为彩票运输的安全保驾护航。运用条码和RFID技术，在生产企业中对生产彩票的过程进行信息录入；在生产完工后打包，包裹贴有条码和RFID可识别标签，从出库开始进行实时跟踪；第三方物流企业的运输车辆进行对应登记，分配运输；各网点对收到的彩票进行终端扫描，数据录入信息系统，进行校对核实。

（2）调配运输车辆，整合物流。一方面，根据各网点的需求信息，合理安排，规划路线，及时配送；另一方面，配送到各网点后，及时回收中奖彩票，同时在信息平台录入信息，进行贴标处理，使中奖彩票安全返回票库。

4.4　第三方物流介入彩票配送的影响

（1）提高了安全性。在彩票运输过程中，第三方物流企业通过实时跟踪，确保彩票安全送达。

（2）及时响应。第三方物流企业设备齐全，拥有充足的运输力量，能够及时配送彩票，减少彩票的积压。

（3）整合资源，节省成本，提高效率。利用第三方物流，可以将各网点的需求进行整合，集中配送，同时回收中奖彩票，节省了运输成本，提高了运输效率。

（4）减少中间环节，降低成本。通过第三方物流，可以实现彩票由印刷中心直接向各网点的配送，减少了传统配送的中间环节，降低了配送成本。

5 总结

本文分析了传统物流配送中存在的问题、即开型彩票的特点和配送要求，提出利用第三方物流进行彩票配送。随着第三方物流配送技术的成熟与发展，合理利用第三方物流，可降低企业的经营成本，实现社会资源的有效整合。

参考文献

[1] 陈璟，杨开忠．电子商务环境下我国物流业发展对策探讨［J］．经济地理，2001，21（9）：554-558．

[2] 张薇．我国电子商务中的物流配送问题探析［J］．科技视界，2011（5）．

[3] 文龙光，余博．电子商务物流配送模式研究［J］．中国物流与采购，2009（21）：74-75．

[4] 王虹．浅析电子商务环境下物流配送模式研究［J］．科技创新，2013（4）：20-25．

[5] 高娟．论电子商务零售业物流配送模式选择［J］．物流科技，2010（1）：32-36．

[6] 孙瑞者．B2C电商混战下的物流模式比较分析［J］．物流科技，2013（7）：70-73．

Research on Instant Lottery Distribution Strategy

Wen Zongliang[1] Lin Jie[2]

(1.South China University of Technology，Guangzhou，510640，China；
2.Guangdong University of Finance and Economics，Guangzhou，510320，China)

Abstract： As the instant lottery sales model changes from stores scattered into a branch sales，how to effectively carry out their distribution has become the urgent problem. By analyzing the self-run logistics distribution mode，the third party logistics distribution mode，self-supporting logistics + the third party logistics distribution mode, logistics alliance mode, we point out that the use of third party logistics for instant lottery distribution, can realize the unification of the distribution center planning, integrate information for logistics demand, reduce distribution costs, and improve the efficiency of distribution.

Key words: Instant Lottery, the Third Party Logistics, Distribution

互联网+背景下彩票营销渠道管理策略研究

谢洁燕　李柏勋

（广东财经大学彩票研究中心，广州，510320）

摘　要： 彩票作为财政融资的一种健康娱乐活动，在中国经济市场中占据了一定的地位。彩票渠道管理极为重要，在互联网+背景下，如何进行渠道管理成为急需解决的问题。本文首先指出了互联网渠道的优势及对实体店的影响，然后给出了彩票互联网渠道和实体店渠道冲突的管理方法。

关键词： 互联网　彩票　渠道冲突

1　前言

伴随着互联网的快速发展，近年来中国的电子商务也呈迅速增长态势。中国网络零售市场异军突起，由此带给传统零售商的商机和竞争压力都非同小可。在过去几年中，传统零售业开拓网络渠道后的经营成果还不很理想，线上线下争夺资源和市场使企业整体入不敷出，“触电”亏损的例子比比皆是，有的甚至关闭了电商部门，如美特斯邦威和红星美凯龙。互联网+背景下如何进行渠道管理成为急需解决的问题。

经过20多年的发展，彩票逐步成为我国的重要行业之一。作为财政融资的一种独特方式，彩票可以实现资金由小变大、积少成多，一些国家和地区把彩票业称为软财政、准税收。在我国，国家通过发行彩票来集中社会闲散资金，不仅可以缓解财政压力，支持中国福利、慈善事业的发展，还可以带动相关产业的发展，间接促进经济增长。与此同时，作为一种健康的娱乐活动，买彩票也成为人们日常生活中不可或缺的部分。中国人口众多，拥有巨大的消费市场，而且国民经济发展十分迅速，人们的生活水平和消费水平不断提高，居民的存款也相当充足。这些都为中国彩票业的发展奠定了坚实的物质基础，中国彩票业的市场有很大的潜力，彩票业应该加强营销渠道的开发和管理。

2　彩票营销渠道

彩票营销渠道作为彩票从生产者向消费者移动的重要中介，对于彩票业的发展有很大的影响。当前彩票营销渠道主要有实体店销售、电话销售、自助终端销售等。下面我们对彩票的营销渠道做一个简单的介绍。

2.1　实体店销售

实体店销售是最传统的彩票营销渠道，按照中国福利彩票发行管理中心、国家体育总局体育彩票管理中心以及各省级中心的有关规定，在各个地区设置多个销售网点，购彩者可以在投注站购买彩票。我国的体彩销售方式主要有两种：一种是现场销售的即开型体彩，另一种是电脑辅助销售的传统型体彩。这两种彩票都可以在实体店购买。

2.2　电话销售

电话销售也是彩票的营销渠道之一，这是一种符合现代人生活方式的营销渠道。我们发现，现代人的生活无可避免地用到了手机，许多人对手机很依赖，用手机购物也十分常见，彩票的销售也可以通过手机来完成。电话销售体育彩票的流程主要包括：下载安装，注册登录账号，开通投注账户，充值，投注，兑奖，提现，查询，找回密码，注销，变更信息等。

2.3　自助终端销售

彩票自助投注终端是无人值守的销售电脑彩票的终端，购彩者使用银行卡读卡器和银行专用加密键盘，在自助投注终端上按照屏幕提示自助操作，通过选择投注号码、刷符合要求的银行卡、输入正确的密码，完成购买彩票的过程。通过彩票自助投注终端，购彩者可以自助购买彩票，这是一种便捷的彩票营销渠道。使用自助投注终端销售彩票，节省了大部分店面租金，售票时间不受限制，支持小奖自动返奖，同时布点密度不受限制。

3　互联网渠道和实体店渠道的冲突及解决方法

3.1　互联网渠道的优势

相比传统的投注站，互联网渠道的优势比较明显，特别是对于忙于日常工作而没有时间到实体店投注的购彩者来说。互联网没有时间和空间限制，互联网渠道有利于刺激彩票销量、降低运营成本、促进行业健康发展。

购彩者可以通过手机、个人电脑、平板电脑等购买彩票，这些电子设备已经十分普及，所以消费者群体大；互联网渠道使彩票销售网络化了，这有利于统一管理；互联网渠道能主动服务购彩者，不断提高购彩者的积极性；互联网渠道突破了时间和空间限制，提高了彩票销售的效率。

3.2 互联网渠道对实体店的影响

互联网渠道对实体店的影响主要表现在销量上。互联网确实存在实体店没有的优势，对于消费者来说，便捷就是互联网渠道最大的亮点，所以互联网渠道吸引了那些寻求快捷方式的消费者，抢占了原本属于实体店的顾客，不少购彩者在互联网渠道出现的时候转向在网上购买彩票。但是这部分顾客多为年轻人，较少接触互联网的消费者或者老购彩者还是通过实体店购买彩票。互联网渠道存在一定的风险，国家曾多次叫停互联网销售彩票。目前，互联网渠道的主要问题是非法渠道或非正规渠道的“吃票”现象严重，由于网络的复杂性，对网络化彩票销售的管理难度更大，所以要发展网络化彩票销售渠道，政府需要加强监管，通过制定相关的制度、规则等来进行管理。

3.3 彩票的互联网渠道和实体店渠道冲突的管理方法

渠道冲突是指某个渠道成员发现其他渠道成员正在阻止或妨碍自己完成目标。渠道冲突的存在是客观事实，在任何产品或服务分销过程中都是不可避免的。关于互联网渠道和实体店渠道的冲突的管理，我们认为应该寻找一个平衡点。互联网渠道是彩票营销的新趋势，应引导更多的购彩者通过互联网购买彩票，促进彩票的网络化。同时，也要保证实体店的销售量，这是传统的、常用的彩票营销渠道，绝对不能忽视。对于互联网渠道，可以从以下几个方面来管理：

第一，加强互联网渠道监督，完善相关的法律法规。彩票管理部门可以把互联网彩票的规范化纳入政府工作日程，对互联网渠道进行整顿，对有资格进行网络销售的企业授予彩票互联网销售牌照，并将这个牌照作为企业跨入互联网彩票行业的通行证。

第二，严格控制互联网彩票资金流向。禁止未经官方授权的网络代销代购，避免中间环节，使管理机构准确掌握资金的流向，及时发现利益分配中的贪污腐败问题，避免侵占公益金的行为的发生。一旦发现此类问题，要严厉打击，追究责任。

第三，不断完善互联网彩票销售系统。互联网彩票管理平台的不断改进十分重要。要不断创新科技，利用最新的互联网技术完善彩票销售系统，为互联网彩票销售提供技术支持和平台支持。

第四，加强网络安全管理。彩票销售系统要及时进行安全监测，及时查杀病毒，清除已发现的病毒，防止新病毒的入侵，保护网络的销售数据。

对于实体店营销渠道，可以从以下几个方面进行管理：

第一，提高服务水平。实体店优于网络的一个方面就是能够提供面对面的服务，从这一方面入手，通过对彩票销售人员进行相关的培训，提高彩票销售人员的服务水平和服务能力。

第二，开展营销活动。实体店可以在特殊的日子举行促销、抽奖等活动，比如在节日、周年庆等时间进行促销，吸引更多的购彩者。

第三，培养顾客忠诚度。在互联网背景下，一部分顾客会转移到网络上购买彩票，在这种情况下，稳定原有客源十分重要。实体店可以给老顾客提供一些优惠活动，比如积分兑换活动，或者在顾客生日当天赠送礼物，买一赠一。

第四，合理安排实体店布点，选择合适的地址。实体店的布点应该保持一定的密度和距离，尽量不要发生扎堆或者距离太远的问题。

4 总结

彩票的营销渠道对于彩票行业的发展至关重要，而互联网时代的到来将使互联网渠道越来越受到重视。在彩票营销渠道中，要处理好互联网渠道和实体店渠道的冲突，促进彩票行业的健康发展。

参考文献

[1] 王磊，梁樑，戴更新. 产品替代度与分销渠道的价格竞争 [J]. 科研管理，2005，26 (6)：115-123.

[2] Xiao D，Huang P Q，Gu F. The Stock Competition Policy between Supply Chains under Demand Uncertainty [J]. Journal of Shanghai Jiaotong University，2008，42 (9)：1511-1515.

[3] Zhang D. A Network Economic Model for Supply Chain versus Supply Chain Competition [J]. Omega，2006，34 (3)：283-295.

[4] Majumder S. Leadership and Competition in Network Supply Chains [J]. Management Science，2008，54 (6)：1189-1204.

[5] 徐兵，朱道立. 竞争供应链的结构和链内协调策略分析 [J]. 运筹与管理，2008，17 (5)：51-58.

Lottery Marketing Channel Management Strategy under the Background of Internet +

Xie Jieyan Li Baixun

(Lottery Research Center of Guangdong University of Finance and Economics，Guangzhou，510320，China)

Abstract: As a health and amusement activity of fiscal financing，the lottery occupy a certain position in the Chinese economy market，and lottery channel management is particularly important, especially, in the era of Internet +, it is urgent to manage channel conflict. This article first points out the advantage of the Internet channel and the impact on the entity shop, and then gives management methods on the lottery Internet channel and entity shop channel conflict.

Key words: Internet, Lottery, Channel Conflict